不可能を可能にするビジネスの教科書

星野リゾート×和田中学校

藤[illegible]和博

筑摩書房

不可能を可能にするビジネスの教科書　星野リゾート×和田中学校　目次

第2章

なぜ和田中学校は抽選になってしまうのか？
そのマネジメント2

第3章

なぜ勝ち目がないかもしれない戦に先陣を切れるのか？
子どものころのこと

序章

不可能を可能にする

星野リゾートと和田中学校の共通点

藤原和博

星野佳路（ほしの・よしはる）氏は、1960年長野県軽井沢町生まれ。慶應義塾大学経済学部を卒業後、アメリカのコーネル大学ホテル経営大学院で経営学修士号を取得、1991年に実家の星野温泉（現・星野リゾート）の代表取締役社長に就任。2001年からリゾナーレやアルツ磐梯、アルファリゾート・トマムなどを運営してV字回復させる。2003年に国土交通省「第2回観光カリスマ」に選定される。現在、国土交通省成長戦略会議委員として、観光庁の観光立国推進本部・休暇分散化ワーキングチームの会議にも出席する。

藤原と星野の三つの共通点

私（藤原）は昭和三〇年生まれ、星野さんは三五年生まれである。

義務教育改革を進める私と、観光産業で革新的な経営を進めている星野さんには、いくつかの共通点がある。

三つだけ、共通点を挙げてみる。

昭和三〇年代生まれに特徴的な共通点かもしれないな、とも思う。

一つ目は、子ども時代に、よく遊んだこと。

私は公務員住宅で育った一人っ子なのだが、アパートとアパートの間にある公園が子どもたちの生活の場だった。隣には東京教育大学（現・筑波大学）附属駒場中学・高校のグラウンドがあり、空いてるときに野球をやっても怒られなかった。冬の間、使用されていないプールに近所のお兄ちゃんたちと筏を浮かべて冒険ごっこをしたこともある。

小学校へ行く道には騎兵山と呼ばれる丘があって、ススキが生い茂る原っぱを掻き分けて進むと、まだ防空壕の跡が残されていた。機銃掃射の残骸だろうか、潰れた弾丸やヘビの赤ちゃんなどを見つけてくる勇者もいた。田んぼの跡地でやった火遊びが思わぬ方向へ飛び火して、火事になりかけたことも。そうしたすべてが、僕らの世界観を形づくったのだと思う。地域社会は、ワンダーランドだったのだ。

いっぽう、星野さんの生家は軽井沢の別荘地だから、周囲は圧倒的な自然の宝庫。別荘は秋から冬は閑散とするから、僕たちが騎兵山でやっていた基地ゲームには格好の場所になるはずだ。普通は太い木に登って、枝と枝の間に拾ってきた廃材を渡し釘で打ち付けて「天空の基地」を作るのだが、別荘の建物なら、そんな加工を施さなくても、基地遊びができることは容易に想像がつく。

ついでに申し添えれば、昭和三〇年というのは、アメリカにディズニーランドが誕生した年でもある。

二つ目の共通点は、西洋におもねる必要を感じない世代だということ。とりわけアメリカ的なるものに距離を置く態度である。ここは、その上の団塊世代の方々とは決定的に違う。

私は、昭和三〇年代生まれを中心とした世代を「スリップストリーム世代」と名付けたことがある。巨大な人口の塊である「団塊世代」が、アメリカ的なるものに憧れながらも、体制に反発して戦ったあとのスキマを生きてきた世代という意味だ。カーレースで、先行するクルマの背後にピタッとついて走ると、スリップストリームと呼ばれる気流の影響で燃料がセーブできる。マラソンで、先頭の走者を風よけにして走ると楽になるのにも似ている。

私が通った都立青山高校でも、東大紛争が真っ先に飛び火して先輩たちが音楽室に立て籠り、機動隊と戦った。その先輩がすべて卒業してから入学した僕らは、教師たちが押さえ込むとろくなことはないと考えたからか、何をやっても自由だった。教室にパチンコ台を持ち込んでも、放課後の教室でハードロックをがなり立てても、授業をサボって明治公園で小学生と草野球に興じても。

会社に入っても、オイルショックで採用を絞ってきた企業が採用を再開させようとしていた時期だったから、比較的大切にされた。いまのような就職氷河期とは違う。会社からの留学チャンスも多かった。

だから、自由な発想が奨励され、ふたたび管理が強化される団塊ジュニアの下世代くらいまでのスキマ、つまり「スリップストリーム」を引っ張り上げられた。

ただの「洋風」ではなく、洋式をハイブリッドした新しい和風を

「星のや　軽井沢」は「もっと日本らしさを大切にしながら近代化するルートを歩むことができたなら、私たちの生活や周りの風景はどうなっていたであろうか」という好奇心か

ら出発したという。

そう、私たちの世代は、この「日本らしさ」をけっこう大事にする。私自身、山梨（小淵沢）の「リゾナーレ」を皮切りに、福島（磐梯）の「アルツ磐梯」、北海道（占冠）の「トマム」、そして本家の「星のや」、と一般客として投宿させてもらったが、洋式の部屋のテラスに露天風呂があったりして、さすがアジアンリゾートを研究しつくした星野さんの「日本らしさ」の演出を堪能させてもらった。

のちの対談で語られるのだが、この哲学は、アメリカ留学中にある事件を経て形づくられたようだ。でも、その背景にあるものは、日本の原風景の中をとことん遊び回った幼児期に醸成された世界観や、世代特有のバランス感覚と無縁ではない。

アメリカのラスベガスで遊ぶのはいいが、アメリカンドリームを絵に描いたようなラグジュアリーホテルはどうも肌が合わない、とか。ヨーロッパの洋風建築も、教会などは奇麗だし観光で風景として観るのはいいが、そういう家に住もうとは思わない、とか。アメリカ的なものを無条件に受け入れたり、洋風をただ礼讃する態度はとらないということ。

だから自分の家を建てるようなときでも、アーリーアメリカン調とかヨーロピアン調とかに憧れがない。むしろ、日本の木造の良さに注目し日本風を基調としながら、洋式の便利さもハイブリッドに取り入れる「ネオ・ジャパネスク（新しい日本風）」な建て方を好むことになる。

私も、家族でヨーロッパに二年半暮らす間に、洋風の建築物や洋式の暮らしは、いやというほど味わった。

ホテルについても、いくつものマナーハウス（貴族の館を改修して一般客が宿泊できるようにしたもの）を泊まり歩いた。

たとえば、ロンドン郊外には「クリブデン」という超のつく洋風マナーハウス・ホテルがある。一八五一年にサザーランド公爵の邸宅として建てられたもので、設計はロンドンにあるウェストミンスター宮殿の建築家。英国のジェントルマンたちの最大の社交場だったところで、懐かしの映画『サンダーバード』でペネロープの邸宅として登場。マイケル・ジャクソンが英国で家探しをした際に候補に挙がったという噂もある。

現在は、5ツ星ホテルとしてナショナルトラストが運営をしていて、日本人が結婚式をすることもできる。一五二ヘクタールの庭園（東京ドームが三十数個分）にはテムズ川が流れ、門からホテル玄関前の車寄せまで何分間もドライブしなければならない。その広大な敷地に、三九室のみのゲストルームしかない。

三〇代後半に三回泊まってみて、遅ればせながら、ホンモノの「洋風」のなんたるかを知った気がした。アンティークな家具や甲冑やタペストリーが似合うのは、やっぱり数メートル以上の天井のある背景が必要なのだと。

そのほかに、映画『００７』シリーズの撮影にも使われた「オークリーコート」や中世の古城をそのまま改修した「アンバーレイ・キャッスル」など。泊まれば泊まるほど、洋風の間がしっくりはまるのは、高さと奥行きがある洋風の背景があってこそ、という思いが強くなった。

オックスフォードにある「ワデスドン・マナー（Waddesdon Manor）」は、ロスチャイルド本家の所有で、やはりナショナルトラストの管理。内部の調度品はベルサイユ方式で、国宝級のアートがところ狭しと並ぶ。私のロンドンでのビジネスパートナーがオーナーと親友だったので、案内された。かつて、ハリウッド女優ニコール・キッドマンの写真集がここで撮影されたこともある。

もっと日本人の観光客に来てもらうことで友好を深めるためにはどうしたらいいかと聞かれたので、オックスフォードにもご縁のある雅子様のような皇族に静養かたがた来ていただくのはどうか、と答えた記憶がある。

先祖は、日露戦争の戦費調達でも関係のあった家系だから、皇室との縁もあるのではないかと思ったからだ。もっとも、ロスチャイルド本家が、その後、宮内庁に連絡をとったかどうかは定かではないが。

この城のオーナーと初めて会ったのはロンドンのオフィスだったが、「超セレブ」のはずなのに、まったくそれを匂わせないカジュアルな姿だった。

星野さんも、日本流にいえば「セレブ」の範疇に入る人物だとは思うが、同じように、気を遣わせない人柄だ。出で立ちも、いつでも山に入れるようなアウトドア・ルックで現れる。

今回、リゾナーレの社員研修会で行われた星野社長自身によるプレゼンを一時間見せてもらったが、いわゆる、上から目線ではなく、フラットなコミュニケーションが行われていた。リクルート創業者の社員総会での話も、高邁な絵空事ではなく、自分の言葉で、データを含んだ各論を述べるところが似ていた。

上下関係で権威的にマネジメントするのではなく、こうしたフラットなコミュニケーションが日常的に飛び交う会社は伸びる。

私も、俗にいう「セレブ」ではない。ファッションにもあまりこだわらない。

権威で押さえつけるのは嫌いだ。だから、校長をやっていた五年間も、常に校長室を開放して生徒を招き入れ、話を聴いていた。校長文庫の本は、保護者や地域の人たちにも貸し出された。先生たちのアイディアも、子どもにとって良いと判断したものは、スピーディーに実現していった。

ビジネス上のプレゼンでも、教育がテーマの講演でも、もちろん校長としての入学式や卒業式の式辞でも、一切原稿を読まない。自分の言葉で語らなければ、通じないと考えるからだ。

豊かな時代に生まれ、高度成長期を満喫したからか、昭和三〇年代生まれに共通するフラットな感覚があるような気がする。

コミュニティ・ソリューションという方法論

三つ目の共通点は、仕事のやり方だ。

星野さんは、機能低下を起こしてお客さんの足が遠のいてしまったリゾートを復活させる。私の仕事も、地盤沈下を起こした公教育を再生し、学校を核に地域社会を再生させることだ。

一見、まったく異質のことのように思われるかもしれないが、じつは、どちらのアプローチも、コミュニティを再生しようとする「コミュニティ・ソリューション」なのである。

私は「家族が住んでいる都市部のコミュニティ」がテーマ。

星野さんは「家族や友人や恋人と旅する地方のコミュニティ」がテーマ。

言いかえれば、私は学校を核に「学習コミュニティ」を、星野さんはホテルや旅館を核に「旅するコミュニティ」をつくる「リゾート運営の達人」だ。

住んでいるコミュニティと、旅した先のコミュニティの違いこそあれ、コミュニティの輪（和）をつないで付加価値を高め、顧客満足度を向上させることで、リピーターを増やしていく。リピーターとは、リゾートの場合は、また来たいというお客様のことだし、学校の場合は、生徒と保護者のこと。

すべてのものが機能的に分断された近代社会で、いったんはバラバラになったものを「つなげる」機能の大事さは、拙著『つなげる力』（文春文庫）に詳述した。「コミュニティの輪（和）をつないで付加価値を高める」手法については、やはり、昭和三〇年代生まれの経営者に特徴的なものかもしれないと思う。

じつは、もう一つ、対談を終えてみてわかったのだが、「ちゃんと子育てしている父親同士」という共通点も見つかった。

私は立場上、子育て分野で意見を求められる機会が多いのだが、「ちゃんと」の基準は、ビデオを買ってきてカメラマンよろしく赤ちゃんを撮影しまくることでも、たまに酔っぱらって帰ってきて風呂に入れることでもない。誰でも、子どもができれば「親」にはなれるが、「父」になれるかどうかはビミョーだ。

私は、オムツ替えの仕事がとても大事だと考えている。それも、ウンチのお世話をどれほどしたか。だから、ウンチのお世話をしない男親を「子育てしている父親」とは呼ばない。それが「ちゃんと」の基準だ。

星野さんは、二〇を超えるまったく異なる種類の旅館やホテルを経営していて、二四時間駆け回っているから、奥さんに任せっきりだろうと勘ぐっていたのだが、見事に裏切られた（笑）。ウンチのお世話もしっかりやった「父」だったのだ。

やばいぜ！ ジャパン だから緊急提言

この本は、『不可能を可能にするビジネスの教科書』だ。

ただし、当初は『やばいぜ！ ジャパン』という緊急提言として出版しようと考えていた。

「やばいぜ」は、ある世代から上の方々には、「まずい」「憂慮すべき状況だ」「追いつめられたぜ！」という意味になる。

いっぽう、ある世代から下だと（たとえば、私の大学生や高校生の息子たちには）、「すごい」「今まで見たこともないほど良い」というように「much better」な状況を指す。もっとも、最上級「the Best」に対しては、「カミ（神）」という称号を与えて賞賛することが多いようだけれど。

だから、「やばいぜ！」には、二つの意味が込められている。

もう、首相がどうだの、あの大臣が気に入らないだの、政権を取った政党が不慣れだからダメだとか、言ってる場合じゃあないんじゃないの？

日本は、とっくに緊急事態なのではないかということ。

成熟社会に入った日本には、誰が政権を担当しようと「少子高齢化」と「高度消費社会の終焉、すなわち発展途上国としての終わり」と「みんな一緒であったものがバラバラに分解して、それぞれ一人一人に分かれていく社会変化」という三重苦が襲う。

これを「苦」とすれば、ジタバタしてもどうしようもない泥沼状態が続くが、逆に「機（チャンス）」と捉えれば、この本で私と星野さんが議論しているような明るい未来が拓けていく。その意味では、「少子高齢化」も「高度成長の終焉」も「それぞれ一人一人への分化」も、みな未来を拓く「希望」である。

だから、旧世代的には嫌悪感を持たれてもしかたない「やばい」状況が、新世代のためには、興奮するくらい好感度の高い「やばい」状況になる。

すべては裏腹、なのだ。

私は、義務教育の「鎖国」を解き、子どもたちがもっと豊かな刺激を受けられる学校教育をめざして、公教育をいい意味で「やばい」状態にしたい。

星野さんが社員に常に伝えているのも、「観光業をやばくする」というメッセージ。お客様の期待を超えて常にサプライズを、という意味だろう。

「お客様の期待を超える」ことがリピーターを増やす大原則であることは、誰しも疑いの余地はないはずだ。

簡単に言えば、日本のそこここで、あらゆる商品やサービス（国や自治体の公共サービスや学校の授業なども含む）の付加価値が上がって「お客様の期待を超える」ことができれば、日本の沈滞は払拭される。

私が「よのなか」科で教えている「ハンバーガー店の店長になってみよう！」「流行る店、流行らない店」、そして「輪ゴムや風船から付加価値を考える」の授業は、このことを生徒に学んでもらうために開発したものだ。

二〇〇九年には、大阪府立柴島《くにじま》高校で、生徒のケータイをわざと教室に持ち込ませ、これを高度利用する授業を行った。

テーマは、「商売繁盛の方程式を導いてみよう！」。

実際にストリート（商店街など）で、流行る店と流行らない店を比較してみて、その違いをケータイから学校のパソコンにメールして欲しいと要望した。生徒たちは、TVのレポーターよろしく、「こっちのタコヤキ屋はオヤジが愛想よくて流行っているが、あっちは挨拶もありがとうも言わないからダメ！」というように、短いレポートを送信。翌週の授業で、こうして送られたみんなの意見をスクリーン上で共有しながらディスカッションし、班ごとに商売繁盛の方程式をひねり出すという趣向だ。


あなただったら、「商売繁盛の方程式は？」と問われたら、どう答えるだろうか。もちろん、唯一の正解があるわけではないから、多様な答え方があっていい。

別の聞き方をするなら、**「顧客にとって付加価値とは何か？」**ということになるし、**「顧客満足度を高めるためには何が大事か」**でも同じことだろう。

私の仮説は極めてシンプルで、**「商品×サービス≧価格」**。

あなたは、その店が提供する商品と店員が提供するサービスを掛け合わせたものが価格を超えているとき、その店で再び買ってもいいと思うはずだ。ハンバーガーなら再び食べてもいいだし、学校なら、通い続けてもいいという判断だ。「商品×サービス」が提供される全体の「付加価値」だから、それが「価格」より大ならば、顧客は満足するだろう。

このとき、**リピーターが誕生**する。

だから、**「商品×サービス≧価格」**はリピーターを誕生させる方程式、つまり、「商売繁盛の方程式」ということになる。

『星野リゾートの事件簿』（中沢康彦著・日経トップリーダー編／二〇〇九年　日経BP）には「なぜ、お客様はもう一度来てくれたのか？」のサブタイトルがあるが、星野さんがどのように、この方程式を成立させているか、そのマネジメント上の謎については、第1章に詳しく触れている。

じつは、学校もまた、この方程式の示す本質から逃れられない。

しかし、「商品×サービス≧価格」を達成しようとする校長は極めて希だ。

「原価（税金をいくら投入しているか）」と「付加価値（児童生徒が受け取る価値の総額）」の意識がまったくないからなのだが、このマネジメントの基本行動がわかる校長を早急に増やさなければならない。

学校経営において「付加価値」が高いというのは、生徒の「分からないことが分かるように、できないことができるようになる」こと。つまり、生徒の力（学力だけでなく、体力や精神力など）を伸ばしてあげられていることを指す。

「商品」とは、教材や学校の学習環境などだろうし、「サービス」は教員による指導全般や地域社会からの支援を指す。それが、義務教育で一人当りにかかっている年間一〇〇万円のコスト（七〜八割は教員の人件費）を超えているかどうか、ということだ。

もっといえば、義務教育では年間に約一〇〇〇コマの授業（時間割）があるから、一〇〇万円を一〇〇〇コマで割れば、児童生徒一人当り、一コマ一〇〇〇円の投資が税金から行われていることになる。だとすれば、本来、ある先生の今終わった英語の授業に対して、生徒たち一人一人が一〇〇〇円払ってくれるだけの「付加価値」を生み出せたかどうかが常にチェックされなければならないだろう。

また、「顧客満足度」が高いというのは、生徒だけでなく、その保護者や地域住民に納得感があること。兄を通わせて良かったから弟も通わせたいとか、学区が違うので少し遠いけれど、評判がいいから学校希望制を使って入学させたいとか。

私が二〇〇三年に赴任した当時、一六九名（卒業時一六八名）で杉並区で一番小さく、統廃合の対象であったはずの学校が、八年後の二〇一一年春には、杉並区で最大の四五〇名規模の学校になる。

学業成績も、二三校ある杉並区の中学校で二一位だった二〇〇四年から上がり続け、二〇一〇年には、ついにナンバーワンになった。部活も盛んになり、新聞への投稿など生徒の社会的な発信も増えている。

その理由は、和田中学校が、私が経営した五年間から一〇歳後輩の代田昭久校長に引き継がれても、一貫して「付加価値」レベルが高く「顧客満足度」にも納得感があるからだろう。

ようするに、流行っているハンバーガー店や星野リゾートの「リゾナーレ」のように、リピーターを増やし続けることができている＝顧客を創造している、という意味だ。

和田中の経営と星野リゾートの経営との共通点を探る

では、和田中の経営と星野リゾートの経営との共通点は何だろう？

それが、この本のメインテーマである。

第1章では、まず、なぜリゾナーレでは予約が取れないのか？　という素朴な疑問から、星野リゾートのマネジメントの秘密を探る。ここでは、私が一八年間在籍し、その後六年間「フェロー」を務めたリクルートと星野リゾートとのマネジメント上の共通点を列挙する。

活きのいい会社、コミュニケーションが豊かな会社、働きやすい会社、伸びる会社に共通する「社員を動機づける秘密」だ。

1ストロークを多くする

2フラットな組織

3社会貢献的な要素を打ち出す

4遊びの要素、学びの要素を強くする

5合理主義を突く〜「正解」ではなく「納得解」を

6情報の徹底的な共有〜パートやアルバイトに至るまで

7資格ではなく、意思によって任せる

8一人一人の動機づけをサボらない

9ビジョンを共有する強い組織は、必ずある種の「宗教性」を持つ

10シンボルをマネジメントする

以上一〇点をポイントに対談を進めたが、より詳しく、リクルートの活性化の秘密や、何故リクルートから外部の世界で通用する人材が輩出されるのかを知りたい読者には、拙著『リクルートという奇跡』（文春文庫／二〇〇五年）を併せて参照してほしい。

第2章は、なぜ和田中学校は杉並区最小の学校から八年間で最大の学校になれたのか？　星野リゾートの経営にも通じる「リクルート流マネジメント」のノンプロフィット組織への応用法を明かす。

第3章では、あまり明らかにされなかった星野さんのキャラに触れる。軽井沢で、どのように育ったのか？　現在の星野リゾートの姿を形づくるベースとも言える、米国留学時代に起こった「事件」とはいったい何だったのか？

第4章は、なぜ日本人は、休日休暇をいっせいに取るのか？「みんな一緒」の発展途上国型社会から、「それぞれ一人一人」の成熟社会へ、本当に日本人は移行できるのだろうか？　星野さんが提言する。

第5章は、「みんな一緒」から「それぞれ一人一人」への日本人の意識改革は、ほとんど宗教改革に近いから、まず、義務教育の基本的な姿から変えないと無理なんじゃあないだろうか？　私からの提言だ。デジタル教育のあり方も含めて、その本質に迫る。

終章では、私から、政党を超えた国への政策提言を行う。「欧州型保障社会」でも「米国型自由市場」一辺倒でもない、それらを超える「日本流保障型自由闊達社会」の姿を求め、そのためになすべき最初のステップを具体的に提示してみたい。

社会起業家たちの活躍のうねりはすでに始まっている

星野さんに「社会起業家」としての自負があるかどうかはわからないが、やっていることは「社会起業家」の行動である。もちろん、遠慮なく儲けてもらい、観光業全体が活性化するようにドンドン再投資してもらいたいと期待している。

私もまた、学校というノンプロフィット組織を五年間経営したが、「社会起業家」の意識で「学校を核に学習するコミュニティを再生する」新規事業をやった。

こうした「社会起業家」っぽい意識を持った人々が、昭和三〇年代生まれを中心に増えている。

三〇代、四〇代を中心とする若手の政治家、実業家の集まりであるG1サミットを主催するグロービスの堀義人氏は、卓抜したオーガナイザーの一人だろう。

堀氏は、「G1サミット」開催に寄せて、次のように語っている。

『「G1」とは、「世界（Globe）は一つ」、「世界（Global）ナンバー1を目指す」、「世代（Generation）が一つに結集する」などの意味を込めて命名しました。G20でもG8でもなく、「グループは一つである（G1）」という思いもこもっています。

「Ｇ１サミット」では、各界の第一線で活躍する同世代の仲間が、政治・経済・ビジネス・環境・地域・科学技術・教育・文化など、多岐に亘る領域を、参加者全員が立場を超えて議論し、学び、具体的なアクションにつなげていきたいと考えています。社会を担うリーダーとして必要な知恵や視座を互いに学び、ビジョンを固め、具体的に打ち手を考え、良き仲間との交流を深めながら、より良い社会を実現していくことを目的としています。

なお、Ｇ１サミットの議論では、以下を心がけたいと思っています。

（１）批判よりも提案を　（２）思想から行動へ　（３）そして、次代のリーダーとしての自覚を醸成する』

第一回が「アルツ磐梯リゾート」で、第二回は、「トマムリゾート」で、そして第三回が、二〇一一年二月、今回の対談の場でもある「リゾナーレ」で開かれた。

いい意味での「やばくしようぜジャパン！」の発起人会のようなものだ。

もう一つ、「やばくしようぜジャパン！」の志を一つにするムーブメントも紹介しておこう。ＮＰＯとしてビジネススクールＩＳＬ（Institute for Strategic Leadership）を経営する野田智義理事長の動きだ。

詳しくはＷｅｂを見て欲しいのだが、ＳＥＯＹ（Social Entrepreneur of the Year）日本プ

ログラムを、社会起業家表彰を世界二五カ国で実施しているスイス・シュワブ財団と共同で実施。社会イノベーションをけん引するリーダー人材を発掘・育成・支援しようとしている。

第一回（二〇〇九年）の日本代表受賞者は、枋迫篤昌／マイクロファイナンス・インターナショナル・コーポレーション代表。審査委員特別賞は、石川治江／特定非営利活動法人ケア・センターやわらぎ代表理事に贈られた。

ファイナリストはほかに、駒崎弘樹／特定非営利活動法人フローレンス代表理事、鈴木亨／特定非営利活動法人北海道グリーンファンド理事・事務局長など。

第二回（二〇一〇年）の日本代表受賞者は、山口絵理子／株式会社マザーハウス代表取締役兼デザイナー。審査委員特別賞が藤田和芳／株式会社大地を守る会代表取締役社長に。ファイナリストは、ほかに小田兼利／日本ポリグル株式会社代表取締役会長や、広瀬敏通／ホールアース自然学校創設者・日本エコツーリズムセンター代表理事など。

緒方貞子／独立行政法人国際協力機構（ＪＩＣＡ）理事長が審査委員長だが、私も審査員の一翼を担っている。

すべての企業は、社会化しなければ生きていけない時代が来るだろう。

したがって、すべての経営者は、社会起業家にならざるを得ない。企業の存亡を賭けて。そして、すべてのノンプロフィット組織も、また、「付加価値」と「顧客満足」を追求するマネジメントに移行せざるを得ない。国家の行政組織も、自治体も、学校も。どちらも、**社会起業家として、いかに経営するか**、なのである。

その意味で、私と星野さんのベクトルは一致している。

だからこそ、思うのだ。政治家に法律や制度を変えさせるよりも、はるかに早くて確実な社会イノベーションの方法があるのではないか、と。

それも、それほどお金をかけないやり方で。

端的にいえば、三〇〇〇人の校長、三〇〇〇人の首長の「人事」のほうが先ではないかということ。

三〇〇〇人の民間校長（もしくは、のちに述べる非常勤で年齢不問の学園長）に、学校を核にして地域社会を再生する新規事業を任せてみる。社会起業家として、である。そして三〇〇〇人の民間首長（政治家の二代目とか、行政プロパーで副市長や副知事から自動的に上がるのではない人材）に、知事や市長として、自治体全体のコミュニティを再生する新規事業を任せる。もちろん、社会起業家として。

さらに、それに三〇人の星野さんクラスの経営者、三人の飛び抜けた政治家が志を一つ

にすれば、あわせて

三三三人の人事だけで、

この国を蘇らせることができるのではないか。

なぜなら、人は、法律や制度で動かされるよりは、トップに立つものによって動機づけられるものだからだ。

第1章

なぜ「リゾナーレ」は予約が取れないのか？

そのマネジメント1

山梨県北杜市にある「リゾナーレ」は経営破綻寸前のリゾートホテルだった。その経営を引き継いだのが星野リゾートの星野佳路だ。軽井沢にある自社ホテルの立て直しに成功した星野は「リゾナーレ」を「大人のためのファミリーリゾート」としてよみがえらせた。再生に着手してから3年。黒字化を実現した「リゾナーレ」は、いまや予約が取れない人気ホテルとして知られている。星野が断行した改革とはどんなものだったのか？

破綻したリゾートホテルはどのように再生したのか

究極のフラット構造が生み出したものは

軽井沢町で古くから営業していた星野温泉。星野佳路はその旅館の長男として生まれた。彼は低迷していた家業の旅館経営を見事に立て直し、「日本一泊まりたいリゾート」として生まれ変わらせた。

手腕を買われて、現在は「リゾート運営の達人」として、日本各地のリゾート施設の運営に活躍している。

その星野が最初に手がけた自社以外の再生プロジェクトが、山梨県北杜市にある「リゾナーレ」だった。「リゾナーレ」は大手企業の会員制ホテルとしてスタートしたが、バブル崩壊とともに経営は行き詰まっていた。

金融機関から「リゾナーレ」の買収を打診された星野は、当初は買収に消極的だった。だが視察に訪れたさい、スタッフたちの熱意に打たれた。(84P参照)「自らリゾート運営の達人をめざすと公言しているのに、もっともそれを必要としている人たちの役に立てないのはおかしい」と星野は思った。そして無謀な決断をする。破綻寸前の「リゾナーレ」を買い取って、再生に乗り出したのだ。

星野が最初に行ったのは、「リゾナーレ」のコンセプトづくりだった。顧客のメインターゲットをどこに定めるのか、コンセプトづくりは「リゾナーレ」のスタッフたちが中心となって行った。

議論の場では、各事業所のスタッフが、すべての上下関係を排除して意見を出し合い、もっとも最適な決定を導き出す。この双方向の意思決定を星野は「究極のフラット構造」と呼ぶ。それは星野リゾートのもっとも特徴的な方法であり、同グループを躍進させてきた秘訣でもある。

上から命令されることに慣れていた「リゾナーレ」のスタッフたちはとまどった。だが、ポジションに関係なく、自由に議論することで、さまざまなアイデアが行き交い始めた。

三年で赤字から脱却、再生に成功する

それまで「リゾナーレ」はカップルをターゲットとしてきた。だが、その戦略に限界が見えているのは、現場のスタッフたちが一番よくわかっていた。一方、従来、ターゲットとしていなかったファミリー客が増えていることを、スタッフたちは感じていた。ターゲットはファミリーにしよう。そして大人のファミリー客も楽しめる「ファミリーリゾート」をめざす。コンセプトは決まった。

さまざまなアイデアが実行に移された。たとえば親が子どもと離れて、大人だけの時間を楽しめるよう、子ども向けのプログラムを充実させた。子どもがスタッフと遊び場で遊んでいる間、大人はくつろいだ大人だけの時間をすごすのである。

「リゾナーレ」には大人がコーヒーを飲みながら、ゆっくりと本が読める「ブックス&カフェ」がある。その向かい側には、子どもたちがスタッフと遊ぶ「GAO八ヶ岳アクティビティセンター」が位置している。

ふたつの施設はともにガラスばりで向かい合っており、親子ともに互いの姿を確認しながら、それぞれの時間を楽しめる。親子離れ離れになる不安を、こうした工夫で解消して

いるのだ。顧客満足を追求するさまざまな努力により、ファミリー客のリピーターが確実に増えていった。

課題のひとつだった冬の集客率の低さも、スタッフたちのアイデアで解決する。もともと「リゾナーレ」は自前のゲレンデを持たないホテルである。スキー客がメインとなる冬の集客は無理、との先入観がスタッフの間にはあった。だがその発想をくつがえしたのが星野である。

彼は「リゾナーレ」から車で一〇分ほどの場所にゲレンデがあることに目をつけた。無料のシャトルバスでスキー場まで客を送迎すれば、ゲレンデを持たないことがハンディにならないはずだ。

問題は、いかにして「リゾナーレ」がファミリー客を満足させる「スキーリゾート」として周知されるか、だった。「フラット構造」の中でスタッフたちは次々とアイデアを出しはじめる。そして実行されたのが、「スキー用品の無料レンタル」だ。

この戦略は大成功をおさめた。家庭を持ち、スキーをやめたスキーヤーたちが帰ってきたのだ。冬に「リゾナーレ」でスキーをするファミリー客が集まりはじめた。

その結果、冬の稼働率は以前のほぼ倍の六〇%近くまで改善。星野が経営を引き継いで三年後に、通年を通して黒字に転換したのである。

今、「リゾナーレ」にはリピーターが増えている。ファミリー客が集中する夏ともなると、予約がなかなか取れない人気ホテルとなった。破綻寸前だったリゾートホテルが、星野の手によって見事によみがえったのである。

［対談］

星野リゾートと和田中学校に共通するマネジメント手法

新しい経営に必要な10の視点とは？

藤原和博×星野佳路

「競合会社で働きたい」という社員に休職を許可できるか

藤原　いきなりなんですが、さっき、ちょっと面白いエピソードを聞いたので、おたずねします。星野さんのところで、ひじょうに優秀な女子社員が最近、休職をしたそうですね。

星野　そうなんです。星野リゾートには学習休職という制度があって、一年間、会社を休んで好きな勉強ができます。例えばＭＢＡをとるとか、語学の勉強をしたいとかですが、彼女は初めて「星野リゾートの競合会社で働きたい」と言いだしました。

藤原　競合会社で！　それ最高！（笑）

星野　大手のリゾート施設なんですが、彼女はそこにアルバイトで入って、今は一生懸命仕事をしています。施設内のどこかのレストランの店長になったという連絡がこの間、来ました。

藤原　そのまま向こうに奪われちゃったら、どうするんですか（笑）。

星野　まあ、そのときはそのときで。僕としては彼女がそういう発想をしてくれたのが面白かったですね。申請があったとき、僕は制度的にとくに問題はないのではないか、と言いました。そうしたら、周りが判断して休職を認めたようです。

藤原　そうなんですか。もちろんそれで彼女が得るものはものすごく大きいから、会社としても彼女が一年後に戻ってきたとき、より大きな付加価値が得られるわけですね。僕が以前勤めていたリクルートの場合も、ステップ休暇というのがあって、一カ月、有給で休暇が取れた。僕が入社した三〇年前は、一カ月有給休暇なんて、夢のようなシステムでした。でも僕自身は有給休暇を一度も取ったことがなくて、結局、全部換金しちゃってた。何が言いたいかというと、大変いい制度があっても、ふつうはなかなか取れないんだけれども、星野リゾートでは取る人がいるんですね？

星野　はい。すごくいます。そもそも僕が学習休職を導入した理由も、若い人たちは給料やポジションだけではなくて、時間を大事にするからなのです。

藤原　そこはポイントだと思う。

星野　お金や地位より、自分のやりたいことをやれる自由が欲しいんですよ。会社は好きだからいたいけど、ちょっと一年好きなことをしたいというとき、今までは会社をやめるしかなかった。それでやめてしまうのは双方にとってもったいない。それなら制度として認めたほうが、社員の定着率が高まると思ったのが、導入の本当の理由です。だから学習休職を取って、一年インドを放浪したいという猛者もいましたけれど、もちろん認めましたよ。

藤原　なるほど。他社にはないユニークな制度ですね。

星野リゾートグループとリクルートの共通点は？

藤原　今、星野リゾートグループは年商どれくらいありますか？

星野　今、運営を任せていただいている施設を含めて一五四億くらいですね。

藤原　偶然なんですが、一五〇億っていうと、僕が三〇年前にリクルートに入ったときの年商なんですよ。ここからグワーッと成長されると思いますけど。ところで、星野さんは今でも社員から送られた一日二〇〇通の未読メールをチェックしてるんですか？

星野　さすがに全部読み切るのは無理ですが、僕あてに来たものはいちおう目を通して、返信もするようにしています。

藤原　僕がリクルートに入ったのは年商が一〇〇億から一五〇億くらいになるときでしたが、それから組織が変質したのは一〇〇〇億ぐらいになったときなんですね。それまでは社長が社員全員の顔を覚えていて、よく声をかけてたんですよ。学校長にとっても、子どもの数が三〇〇人くらいまでは、キャラと名前と顔が一致する。でもそれを超えると、顔がわからなくなるでしょ。あとはマネジャー以上のマネジメントだけに注力せざるを得ない。今、星野さんはその状態？

星野　そうですね。そうなっていますが、もちろん総支配人とは細かくコミュニケーションを取っています。あと、僕が気をつけているのは、最前線のスタッフとできるだけ接するようにしています。僕は企業文化がとても大切だと思っていて、その文化が本当に自分が思っているような形で、最前線のスタッフに浸透しているのかというのを、把握したいからです。

藤原　リクルートは一九九〇年代に、それまでの日本人の働き方や、会社と個人の関係を根本から変えたと言われています。自分が主人公になって、会社という舞台や事業という演目を動かしていくのが、リクルート流だった。その結果、最盛期は一兆円の企業グループになって、今はちょっとシュリンクしましたが、それでも数百億円の利益は出している。そのベースになったのが社員のモチベーションだった。星野さんが大事にしているのもそこじゃないですか？

星野　そうかもしれない。

藤原　だから全社員に経営情報を説明するということも含めて、手を抜かない。それこそ、グループの施設全部、二三カ所を回って会社の経営状況を説明する。ほとんど、さだまさしの全国ツアーかというような……（笑）。

星野　本当にそういう感じで回っています。

藤原　星野リゾートグループもリクルートもそうだけど、不可能を可能にする会社や組織には共通点があるような気がするんですね。それをこの本で明かそうと思っています。僕が考えた共通点をあげてみますから、まずそこから話を進めましょう。

1 ストロークを多くする

ふつうの人が〝大化け〟する組織とは？

藤原　ストロークを多くするというのは、リズムとテンポを重視して、〝報連相〟のスピードをあげ、修正主義でことを運ぶという意味です。要するに、初めから「正解」なんてないので、やっちゃってからフィードバックをガンガンする。それで、どんどん改善していくというやり方ですが、星野さんもまさにそれをやっているんじゃないですか？

星野　そうですね。「ストロークを多くする」について僕が思うのは、あまり形式を決めないのが大事だということですね。この人には必ずこんなふうに報告しなくちゃいけないとか、これを決めるときはここを通さなきゃいけないとかいうのではなくて、それぞれの判断によればいい。あまり形式ばった連絡や情報提供は、時間がかかる割に、中味が薄くなります。場合によっては報告しないで行ったほうが早いこともある。サービス業では、判断の正確さ以上にテンポが大切なので、現場判断の自由が必要です。

藤原　『星野リゾートの事件簿』という本を読むと、「アルツ磐梯」にOJT（On the Job

Training）で配属された新人社員のブチ切れメールの話がのっていますね。「アルツ磐梯」のスタッフの姿勢が顧客のほうに向いていない、このままではいけない、何とかしなければ、というメールを、新人でありながら、スタッフ全員に流したエピソードです。このメールに、星野さんが一番最初に反応した。

星野　「負けるな。頑張れ、新人！」と送りました。

藤原　これはひじょうに鮮烈なエピソードだと思うんです。現場の問題点を感じ取って、まず新人が声をあげた。それを全スタッフと共有した。さらにそれに一番最初に社長が答えた。でもこうしろとか、上司に指示しといたから、とは言わない。「頑張れ、新人！」とだけ言って、あとは本人と現場に任せるわけですね。これこそ、リズムとテンポのあるストローク重視の典型ですね。

星野　その新人がさっき話題になった、学習休職を取って、競合で働いている女性です。

藤原　そうだったんですか！　これは面白い！　新人がそこまで育ったわけだ。リクルートにも、入ったときはごく普通の女性だったのに、今はグループ会社の社長をしているような人材がいます。育っちゃうんですね、風土の中で。普通の人でも。これは不可能を可能にする組織の特徴かもしれない。

2 フラットな組織

昇進と給与だけで引っ張る上司は時代遅れ

藤原　僕は一八年間、リクルートの社員だったんですが、四〇歳でリクルートをやめて、フェローという形になりました。なぜかというと、それこそ、先ほどの学習休職じゃないけれど、自由にテーマを追う時間が欲しい。だけどリクルートが嫌いじゃない。リクルートの仲間とやりたいんだけど、いちいち会社に行って会議をするのはいやだと。僕は四〇にしてやっとそれに気づいて、それ以降、そういう生きざまで来ているんですが、今の若い人たちはもっと早く気づいていますよね。だから昇進と給料だけで引っ張る上司はダメなんじゃないか。

星野　そういう感じですね。ですから星野リゾートは学習休職を利用するスタッフがけっこう多いですね。毎年出ていって、毎年戻ってきます。

藤原　戻ってきたとき、カルチャーギャップはない？

星野　ありますが、全体的にはたくましくなっているような気がします。星野リゾートでは管理職は立候補制なのですが、休職あけにいきなり立候補したりしますから。

藤原　リクルートでも休暇制度はあったのに、あまり利用されなかった。それである男が人事部長になったとき、やっぱり部長が率先して制度を利用しないと、みんなが取れないんじゃないかと言われて、しぶしぶ取ったわけ。取ったはいいんですが、これ、リゾートの話ともからむんですが、結局、自宅でウジウジしたり、会社に電話を入れてきたりして、全然休暇になってない（笑）。日本人ってそういうところがあったと思うんですよ。この風潮は変わってきていますか？

星野　変わって来ていますね。ただ、世代の風潮というよりも、企業の姿勢が変わってきた結果のようにも感じます。

「究極のフラット構造」はなぜ生まれたのか

藤原　僕が驚いたのは、星野グループでは社長室がないじゃないですか。社長室どころか、社長の席もない。それは星野さんが意識的にされたと思うんですが、そういうこともポジションにこだわらない会社全体の社風に関係しているんでしょうか？

星野　そもそも星野リゾートに入社してくるスタッフは、大手だから入ってきているわけではありません。仕事がけっこう楽しかったり、面白かったり、自分に自由があったりすることを価値観にしているので、今までの社会的ステータスにあまりこだわらない人たちが集まってきていると思います。

藤原　まさにそうですね。

星野　星野リゾートの一番重要な価値観はポジションに関係なく議論できるようにしようということです。それを「究極のフラット構造」と呼んでいますが、つまり誰が言ったかではなく、何が発言されたかを重視しようと。社長が言ったからとか、総支配人が言っているからといって、重みを持たないようにして欲しいといつも強調しています。実は上に立つ人間もそのほうが楽なんですよ。総支配人の発言だからと重みを持ってしまうと、総支配人も発言しにくくなる。正しいことを言わなければというプレッシャーがかかってくるわけですから。

藤原　なるほど。

星野　それに僕は思いつきを言うタイプですし、何も考えずに軽く言っているつもりなので、その通り進められると困ってしまう（笑）。僕が言うことは指示ではないんだ、それを正しいと思ってやるな、と。自分で言っておいて、なんでそんなことしたんだ、ちゃんとコスト計算したのか、と怒ったり（笑）。

藤原　そのスタイルができたのは、今から二〇年前、星野さんがお父さまから社長業を引き継がれたときですね。星野さんが軽井沢の星野温泉で最初に経営に入ったとき、お父さんを囲んでいた昔からのスタッフもいたでしょう。星野さんはその中に飛び込んで、最初は「俺の言うことを聞け」という感じでやってみたんですか？

星野　聞けとは言わなかったですけど、普通のスタイルで一生懸命、やるべきことを話していました。

藤原　それがあまり機能しなかったということ？

星野　機能しなかったということではなかったのですが、一番の僕の悩みは、現場のスタッフを募集しても応募がなかったということですね。職安に行っても、旅館業は人が来てくれないっていう。

藤原　一方でどんどん辞めていくし。

星野　そうです、そこが一番大変だったんですよね。当時はいい加減なんですよ、社員という待遇自体が。正社員でありながら突然来なくなったり、いなくなっちゃったり。

藤原　最近、教員でも多いんですけどね。

星野　そうですか（笑）。ですから最初の一年ぐらいは、明日社員が来ることを確認するということが大きな仕事だった。そんな状況の中だったので、スタッフに集まってもらうにはどうしたらいいだろうか、入社してくれた人が辞めないようにするにはどうしたらいいだろうと、これぱっかりだったですね。

藤原　それはたぶん、江副浩正さんがリクルートを創業したときと近いんですよ。リクルートは、訳のわからない大学新聞への広告代理店みたいなイメージだった。当時、大学新聞というと、ジャーナリストやもの書きになりたい人が集まるところだったんですね。評論家の立花隆さんも最初リクルートでバイトしたらしい。そういう人たちばかりだから、広告取りなんて誰もやらない。やってくれる人だったら、女性だろうと、高校卒だろうと、なんでもいいみたいなところがリクルートのカルチャーを初期設定したんです。だからリクルートは学歴、性別、国籍、いっさい関係なし。同一条件。要するに人手不足というか、人集めで困ったからそういうふうになるんですね。

星野　そうです、その通りです。やる気のある人には入ってきて欲しい、入ってきたら辞めないで欲しい。それがだんだんこういう文化にせざるを得なかったということです。

3 社会貢献的な要素を打ち出す

自分の仕事に誇りが持てるか

藤原　僕は社長自身が政府の政策をリードしたり、社会改革の先導役を果たすことが大事だと思っています。星野さんもよく社員の前で「日本の国はこういうふうにならなきゃいけない」というようなことを話されますよね。

星野　それが私たちの業界ではモチベーションアップにつながります。温泉旅館は、長い間、水商売と言われてきました。要するにどうでもいい業界だったのです。製造業で稼いで、休むときに温泉でも行こうかと、こういう話だったのですね。だから、業界として一流の仕事ではありませんでした。

藤原　誇りが持てない。

星野　そうです。それが今変わってきています。これからは、観光産業が本当に社会に貢献する時代がやってきました。そこをアピールしていくことは、社員にとってはすごく大事。

藤原　製造業は需要が落ちているのに、我々の業界は落ちていない、実は需要が増えているんだと。

星野　需要は増えているし、社会、地域経済に貢献するという誇りが、僕らの長い歴史の中で、今ほど強調できる時ってないんですよ。

藤原　しかし不思議なんだけど、それを日本中でプレゼンしている人が、星野さん以外にいないですよね。観光業界で、なぜ一流どころのホテルの社長が言わないのか、ねぇ？

星野　それを、より主張していくべきは温泉旅館分野です。僕たちにはプライドが必要。意外に西洋ホテルの人たちはプライドを持っています。

藤原　なるほどね。僕が面白かったのは、星野さんがプレゼンされていた（対談の前にリゾナーレの全スタッフを前に話した）ことの中で、二〇一七年にインバウンド（海外から日本を訪問する観光客）とアウトバウンド（日本から海外に出ていく観光客）が逆転するという話です。

星野　そうです、インバウンドがアウトバウンドを超えていく。

藤原　要するに、海外からお客様が来て金を使うということは、輸出なんだと。だから観光は新しい輸出産業だと。

星野　そうです。

［図 1］日本人海外旅行者数（アウトバウンド）と訪日外国人旅行者数（インバウンド）の推移

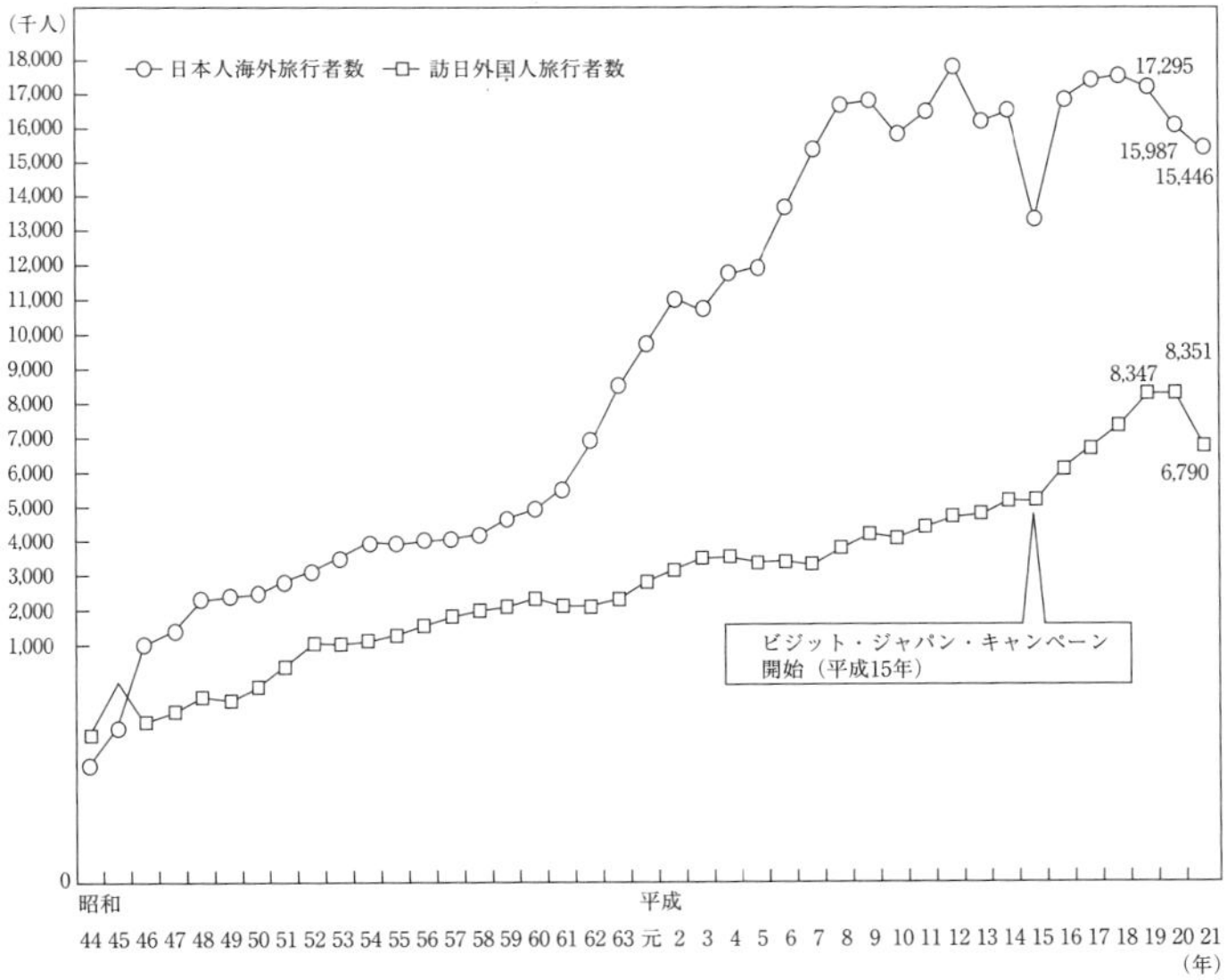

（注） 法務省及び日本政府観光局（JNTO）資料に基づき観光庁作成。

藤原　つまり、我々は製造業が大事って言ってきたけれど、これからは違うんじゃないの、と。これは非常に大きなメッセージだと思う。

星野　インバウンドとアウトバウンドの推移は観光庁が毎年発表している観光白書に載っています（［図1］参照）。外国に日本のサービスを買っていただいているわけだから、観光が日本の新しい輸出産業になるんです。

4　遊びの要素、学びの要素を強くする

「遊学働」を一致させるのが自己実現の王道

藤原　不可能を可能にする組織には、必ず学びの要素と遊びの要素が入っているというのが、僕の持論なんですよ。「遊学働」が一体となっていたほうが、仕事の自己実現感覚が増します。リクルートはまさにそういう会社だった。星野リゾートの学習休職もそうだけれども、実際の仕事が学びや遊びと一体になっていますよね。

星野　なっていますね。

藤原　遊びが上手な人じゃないと、リゾートは演出できないもんね。

星野　それはそうです、自分が楽しみ方を知っていないと、とくにリゾートでは仕事はつらいですね。

藤原　その点で言うと「リゾナーレ」の従業員は、まだちょっと遊びが足りないかもしれないですね。これはよけいな話ですけど、せっかくだから、お話ししますね。僕は昨日から「リゾナーレ」に一泊しているんですが、昨日から今日にかけて、僕が従業員にあることを投げかけた時、もっと商売ができるのに、それを失った機会が三回あるんですよ。聞きたい？（笑）

星野　ぜひ聞かせてください。

藤原　僕は昨夜、夕食をとったあと自分の部屋に帰ってマッサージを頼みたいと思ったわけ。そしたら、昨夜はそれほどお客さまがいたわけじゃないと思うんだけど、「マッサージを部屋でするのはもうできない」と言われたんです。「そうか、それじゃあ、そっちへ行ったらマッサージってできるの」と聞いたら、「オイル・トリートメントしかできない」と。

星野　アロマセラピーですね。

藤原　それで一瞬言葉を失い、いったん電話を切ったんですよ。でも今日、星野さんと会うのに、ちゃんと「リゾナーレ」に現金を落とさないと悪いなと気をつかって（笑）。自分から電話をかけなおして、オイルのセラピーを受けることにしたんです。でも、僕が最初に電話をしたときに、もうひと言あったらよかったなと思っているわけ。たとえばたんにオイルを塗って触られるだけだとくすぐったいだけだからためらっていたのだから、「ちょっと強めにもできるんですよ」とかひと言いわれたら、もう気分がよくなって、今日もやってもらおうという気になったかもしれない。

星野　そうですね。

藤原　ちょっとしたひと言なんですよ。あと今朝、僕は近くにある八ヶ岳リゾートアウトレットに行こうと思ったんですね。小淵沢に来たときには必ず寄る「シャツ・ステーション」ていう店があって、そこのお兄ちゃんのセールスが実にうまい。セールスの勉強にもなるからね。で、車で来たときは、すぐに行けますが、今日は車じゃなかった。「どうやって行けばいいかな」と聞いたわけ。そしたらフロントで「駅までシャトルバスがあります」と。「駅からアウトレットへもシャトルバスがあります」と言うんです。「いつ出るの?」と聞いたら、小淵沢駅へは一〇分後にフロント前から出るんだけど、そのあと駅で三〇分以上待たなきゃいけない、というんですね。乗らないよね、ふつう。だったらレンタカーがないのかなと。

星野　タクシーでもいいかもしれないですね。

藤原　最終的にはフロントでタクシーを呼んでもらったんですが、もし駅のそばにレンタカー会社があるんだったら、そこからレンタカー屋のお兄ちゃんにここまで車を持ってきてもらえれば、便利じゃないですか。レンタカーがあれば、僕はアウトレットに行ったあとに、うちの父が大泉村出身だから、父の故郷から富士山や八ヶ岳を見るのもいいかな、とも考えてたわけ。貸すのが今話題の電気自動車だったら、環境にもいいし、もっといい気分でお金払えるのにね。

星野　なるほど。

どこまでお客様の視点に立てるかがポイントに

藤原　あともう一つは、以前近くに来たとき、このへんでものすごく美味しい地ワインを見つけたんです。もしここで売っていたらお土産に買っていこうと思って、売店に見に行ったんですよ。そしたら、あることはあったんですが、甘口しかない。「辛口は売り切れです」と。そこで僕は五秒間、絶句していたんだけど。そのときに「売り切れです」で終わらせるんじゃなくて、「ちょっと蔵元に電話してみましょうか」とか、「道の駅なら売っているか聞いてみましょうか」とか、そういうことってどうなのかな。

星野　いや、僕だったらあるものをなんとか買っていただく努力はしますけどね。

藤原　僕は「リッツカールトン、ディズニーランド、星野リゾート」と言わせなきゃいけないと思うんですよ。リッツカールトンだと、辛口がなけりゃ、買いに走ったと思うんだよね。要するに、現場の担当に判断をまかせちゃっているから。

星野　だけど大事ですよね。

藤原　ね、そうでしょう。だから本当にちょっとしたひと言なんだけど、お客様の放心状態をそのままにしない。お客様から何か言われたら、すごいチャンス。ちょっとしたひと言で「気がきくな」と思われたら、ものすごく信用《クレジット》が増す。結局、ホテル業って、そういうものの蓄積でしょ。

星野　上がっていきますよ、単価が上がっていきますからね。

藤原　本当に小さな積み重ねなんですけど。でも、それができるかどうかは、お客様の気持ちになれるかどうか。そのためには遊びに来るお客さんのことがわからなきゃいけない。僕は小淵沢にある泉郷の貸別荘をよく利用するんだけど、従業員がすごく真面目でいいんですよ。リクルートの安比高原スキー場でもそうだった。地元の子を高卒から採っていて、真面目ですごくいい。一生懸命やる。だけど遊びが足りないから、もう一歩の付加価値が出せなかったりする。

星野　商売っ気を、なかなか出すのが難しいですよね。素朴なんですけどね。

藤原　もう一歩。そう、素朴だから絶対だまされないのはわかるんですけど、だまして欲しいんですよ、リゾートって。だまして欲しいんだよね、非日常の中で気持ちよく（笑）

星野　そうですね。すごく素直だし、お客さまに喜んでもらいたいと思っています。ですが、割に商売っ気がないというのが、日本のスタッフの特徴です。でも、インバウンド時代においては商売っ気ない控えめなサービスは悪いサービスと、促えられる可能性があります。

5　合理主義を突く～「正解」ではなく「納得解」を

フラットな組織とセットになるのは論理性

藤原　伸びていく会社に共通するのは合理主義だと思います。この場合の合理主義とは、関わる他者も含めて、納得感のある戦略、戦術を使い、判断を合理的に下すという意味です。リクルートをつくった江副さんものすごい合理主義者でした。実はリクルートには経営原則が三つあって、そのうちの一つに「商業的合理性の追求」というのがあった。これがリクルート事件ですごく勘違いをされちゃいましてね。商売になりさえすればなんでもいいのかと。そうではなくて、江副さんがやろうとしたのは、不合理なものの追放だった。

星野　たとえば？

藤原　採用の世界でも、当時は学閥があったり、教授の紹介でなければ入れなかったり、官僚にはキャリアとノンキャリアがあったり、メーカーにもA採用、B採用がはっきりしていた。でも江副さんはそうじゃないだろうと。要するに人材の採用、昇進、育成の世界に合理性を追求しようよという趣旨だったんですよ。

星野　合理性ということで言うと、星野リゾートは数字を大事にしています。僕は論理的であるということが、フラットな組織とセットだと思っていて、社員にも論理性を要求しています。フラットな議論をしていくときに、論理的でない議論をいくらされても無駄になりますからね。すごく大事なポイントだと思いますよ。

藤原　その観点から、ずっとやっているのが、お客様の満足度アンケートですね。あれは満足度を七段階でチェックするというもの？

星野　そうです。

藤原　すると七段階で、上位二つ、トップのツーボックスでしたっけ？　これが何％あるのかが重要だと。

星野　そうです。そしてトップボックス五〇％が、私たちの最終的な目標なんですね。トップの「非常に満足」というのを五〇％取って、残り半分のお客様からいろいろなことを言っていただこうと。

アンケートはほめてもらう機会を増やすため

藤原　ちょっとよけいな質問かもしれないんだけど、日本人の場合、謙譲の美徳ってあるでしょう。「最高」と思っても、あえて「最高」と言わないで、「いいね」くらいにとどめちゃうところはありませんか？

星野　それはあるのかもしれないですけれども。それを含めて推移は見ることができます。それに僕は日本人は、ちゃんと書いていただけると思っています。むしろ、相対のコミュニケーションの中でスタッフをほめてくれることがすごく少ない。

藤原　そうか。

星野　その点、外国人はめちゃめちゃうまいんです。外国のお客様は、食べた瞬間や接客があった瞬間、すぐにそこを表現してくれます。

藤原　そうですね、〝I appreciate～〟って言う。そういう表現ないもの、日本には。

星野　よかったとか、おいしかったとか、素晴らしかったとかと言うのが、外国の方はうまいですよね。日本の方はどちらかというと、ものすごく難しい顔をして、怒っているのかと思って「いかがでしたか？」と聞くと、「よかった」と言ったり。「なあんだ、満足されていたのか」と（笑）。こちらが聞くまで言わない人はたくさんいます。

藤原　そうなんですね。若い人に聞いても、ちょっととまどったあげく「やべー」ぐらいしか言わないもんね。

星野　ただ、お客様からほめられるのは、スタッフのモチベーション上ものすごく大事なんですよ。ですから私たちのアンケートも、問題点を把握するのが目的ですが、もともと始めた理由はほめてもらう機会を増やすためでした。直接、お客様と接するスタッフだけじゃなくて、みんながほめられるようにしようという、そこが目的だったんです。たとえばバック部門で調理していたり、経理をしているスタッフも……。

藤原　前面に出ない人ね。

星野　前面に出ない人たちも、お客様がほめていることを、共有しようというのが満足度調査の最初の目的でした。不満を把握する以上に、僕はほめていただくケースをみんなで共有したかったのですね。そうすればスタッフが仕事を楽しむことにつながりますから。

藤原　素晴らしいですね。僕は一昨日、文科省で鈴木寛副大臣と話をしていたんだけど、そのとき、こういう話があったんですよ。ある自治体で小児科医がどんどん減っていっちゃう。応募する医者もいなくなっちゃったんですね。なぜかというと小児科医って、結局ほめられない。頼ってはこられるんだけど、病気を治してあげても、お礼を言いに来る人は少ないですよね。手術して、死にそうな人を助けたら別なんだけど、風邪くらいではお礼を言いに来る人なんかいない。お礼状もない。それで自治体で、お母さんたちにお願いして、「ありがとう」キャンペーンをやったそうです。そしたら小児科医も誇りが持てて、定着に貢献したらしい。

星野　それ、すごくよくわかりますよ。大事ですよね。やっぱりほめられないと接客業は醍醐味を味わえないですから。

メッキ会社の新入社員はなぜ一〇〇％定着するのか

藤原　そうそう。もう一つ思い出しました。接客業だけじゃなくて、表に出てこない縁の下の力持ちの仕事ってあるでしょ。そういうところにいる人たちも同じですよ。僕は「よのなか」科の授業でいろんな中小企業のオッサンをゲストに呼びます。生産財を作っているおじさんたちって、面と向かって評価を受ける機会がない。拍手されるような評価をね。これが消費財だったら評価をされるよね。ゲームだったら売れれば、称賛されるわけだけれど、生産財だとそれがないから。

星野　たしかに消費者に直接結びつかないと、なかなかほめられる機会はないですね。

藤原　そう。でも［よのなか］科の授業で、ガテン系の社員や生産財メーカーの社長を呼ぶと、授業で子どもたちが驚いたり、終わったあと駆け寄ってきて、「名刺ください」とか言うわけでしょ。すると社員も嬉しくなっちゃうらしいんですね。

星野　認められた気がするわけですね。

藤原　あるメッキ会社に、小学校から授業にゲストで来てくださいという手紙が舞い込んだんです。社長が新入社員五人にその企画を全部任せた。新入社員たちは、小学校でメッキの話をパワーポイントでやっても面白くないだろう、じゃあ、どうしようかなと悩んだ末に……ドン・キホーテに走って、衣装を買ってきて、なんと五人で「メッキレンジャー」に扮したんですよ。

星野　いいアイデアですね。

藤原　そのかっこうで小学校へ行ったら大ウケですよね。最初につかみを取って、そのあとメッキの話を聞かせたら、人気が出ちゃって、いろんな小学校から次々と依頼が来る。

それで新入社員が仕事にプライドを持てるようになったというんですね。今まで定着率が悪くて悩んでいたのに、それ以来、そのメッキ会社では定着率が一〇〇%になっちゃったそうです。

データは集計して全社員に公開

星野　顧客から直接ほめてもらうのは、やっぱり一番いいですね。

藤原　そのソフトな部分と、それからアンケートの客観的なデータというハードな部分でも出していくことが大事だということですね。

星野　そうですね。

藤原　星野リゾートグループ二十数カ所全部の比較データをバシッと出しちゃうわけですか？

星野　それは僕が出す以前に、彼らの端末で見られるんです。

藤原　日々見られちゃう？

星野　とくに自分の施設は、すぐ見られます。集計センターで集計しているのは、だいたい三週間前のお客様からの返信なので、それはデータですぐ見られます。モチベーションにすごくつながりますね。自分たちが行ったことが、どのぐらいのポイントで返ってきているかということがすごく大事ですね。

藤原　端末で見られる顧客満足度アンケート以外に、合理性を突くデータはありますか？

星野　売上と費用ですね。あとはもちろん利益、それからES調査という従業員満足度の調査は年に一回。たとえば今年のリゾナーレの社員満足度ってどのぐらいだったのか、ということは、全員に公開しています。

藤原　なるほどね。顧客と従業員、双方の満足度を数字で客観的に示して、すべて公開するわけですね。

6 情報の徹底的な共有
～パートやアルバイトに至るまで

意思決定会議はパートも含めて全社員が参加できる

藤原　情報の共有は言わずもがなですね。リクルートでは、「皆経営者主義」という言い方をしていて、同じ情報を経営者からアルバイトに至るまで、全部共有する情報の土壌をつくっていました。

星野　星野リゾートもまさにそういう概念です。私たちは毎月一回、報告会というディレクターと総支配人が参加する運営方針の意思決定会議を行っていますが、そこにはスタッフ誰もが自由に参加できます。

藤原　参加自由。希望者はどうやって参加するんですか？

星野　施設は休みではないので、終日参加はできませんが、何時から何の議題について話すというスケジュールを事前に発表しています。ですから、自分が興味のあるところを申し出れば、職場で調整しています。会議に出てひと言言いたい人は言ってもらってもいい。この会議にはアルバイトやパートも参加ＯＫです。

藤原　社員だけじゃないんですね。

星野　全員で意思決定プロセスを共有するということが目標です。私たちは資源が充分ではありませんから、選択と集中をしているので、そうせざるを得ないんだという事情も含めて、理解してもらうのは重要だと思っています。

藤原　株主ってどうなっているんですか？　社員持ち株会ってある？

星野　まだないんですよ。

藤原　社員持ち株会っていうのは、将来的にはどうなんでしょう。難しい？

星野　持ち株会が、全員に正しくプロフィットシェアリングとして配分されるかに対して、僕はものすごく懸念があります。それより利益が出たときには、賞与で出したほうがわかりやすい。星野リゾートは決算賞与制度を導入していますが、そのほうが持ち株会より現時点では合っているのではないかと。

藤原　わかりやすいですからね。

星野　今年も決算賞与として多くの施設でプロフィットシェアリングしました。賞与の額は、利益と顧客満足度のバランスで決定しています。

藤原　ストックのほうへ持って行かないで、フローで処理してしまう。利益があるときには分配しちゃうんだと。

星野　スタッフが日々努力していることは、お客様の満足度と収益力ですから、プロフィットシェアリングもチームの努力の結果と直結しているほうが良いと思っています。

ブランドに貢献した分をストックで出す

藤原　わかりました。これはひとつの例なんですが、リクルートがやったのが、オーナーが株の五一％超を持つんだけれど、社員持ち株会を作って、一議決権を与えた。それを三七％ぐらいまで高めたんですよ。そうすると社員持ち株会が筆頭株主になる。だから文字通り、社員が筆頭株主の会社だと。細かく調べりゃ、昔は江副さんと江副さんの奥さんの株で五一％以上です。そのあとダイエーがリクルート株を買いましたが、このカルチャーに配慮して、中内さんが筆頭株主にならないように、社員持ち株会を筆頭に立てました。今でも社員持ち株会は一六・三％で、まだ筆頭株主です。

星野　すごいですね。

藤原　でも、それって資本政策上からいっても、そんなにヤバイ話じゃないんだよね。

星野　それはそうですね。

藤原　ひと口、ひと株、一議決だから。今はリクルートは公開しないで、配当で利益配分しちゃう形にしています。

星野　配当をするとき、私は配当と自分が貢献した業績がダイレクトにリンクしないことが、ちょっと気になります。星野リゾートの場合、拠点が数十カ所あって、自分はこの施設でこうやって貢献した、この施設で利益が出たのなら、そこで頑張った人に分配するほうがわかりやすい。

藤原　わかる。でもこれからは「星野リゾート」というブランディングの話がリンクすることになるでしょう。「星野リゾート」という冠をつけただけで売上が伸びる、という結果が数字でも出ていますよね。だとしたら、そのブランドに対する貢献を、たとえばストック面で戻すということもできるんじゃないでしょうか。これは参考までの話ですが。

星野　なるほど。面白いですね。

7 資格ではなく、意思によって任せる

自分ができることで貢献するのが先

藤原　資格とか、タイトルとか、職責とか、役職ではなく、意思によって任せよ、ということ。要するに、手をあげたものにやらせる。やってみなければわからないのだから。リクルートには「自ら機会を創り出し、機会によって自らを変えよ！」という、ほとんど僕自身の人生を律しているかのようなスローガンがありました。実はこれ、正式な社是でも何でもないんだけど、みんなこれを書いて、机に置いておくみたいな雰囲気があったんです。星野リゾートグループもそんな感じでしょうか。

星野　そうですね。星野リゾートの場合、人事制度がそうですね。マネジメントポジションは立候補制度にしています。業界ではよく新卒で採用しても二、三年でやめてしまうと

いうことが言われていますが、自分のキャリアを自分でコントロールできる自由を通して、残って活躍するスタッフを増やしたいと思っています。

藤原　まさに手をあげたものにやらせる、ですね。

星野　ただ、若いスタッフの話を聞いていて思うことがあるんですが、何か自分で描いているキャリア像みたいなものにこだわり過ぎている気がするんですよ。自分はこうありたいとか、こうなりたいというのはあってもいいんですが、それ以外に、自分がまずできることがあるのではないか。できることで貢献するのは、とても大事だと思っています。まず、自分に求められていること、自分ができることを組織に対して行動していかないと。それをこっちに置いておいて、自分はできないことで貢献していきたいと言っているように聞こえます。それは彼らの力を高めるのにはマイナスな気がします。自分がやりたいことと違うという理由で転職していく社員もいますが、行く先でも同じことになる気がします。

藤原　結局、青い鳥を追っちゃうわけですね。僕も「キャリアアップ」という言葉は非常に危ないと思っています。たとえば星野さんがどういう歩みをしてきたかとか、僕がどういう歩みをしてきたかというのをコピーして、それと同じようにしてみたところで、同じ結果が出るわけないじゃないですか。環境とコミュニティが人をつくるわけだから。今どんな仕事をやっているかが、その人の次を創るんだけど。そうじゃない自分になれると錯覚してしまう。“本当の自分”探しみたいなのと一緒ですね。自分のキャリアはこれじゃないとか疑って、どこかへ行っちゃう。これは非常に危ない。

星野　今求められていることから逃げてしまうと、次でも同じことが起こる。ですから転職したいとか、いろいろ悩んでいる若い人と話すときは、今求められている分野で、まずできることをやって貢献してみせることが先という話をします。機会によって自らを変えよ！　というのは、そういうことなのかなと思います。

8 一人一人の動機づけをサボらない

異動希望はできるだけかなえるのが原則

藤原　7の「資格ではなく、意思によって任せる」とからむんですが、「一人一人の動機づけをサボらない」というのは、中間管理職に任せないで、一人一人の従業員と会社が個別にベクトル合わせを行うという意味。リクルートの場合、社員がたとえ三〇〇〇人や四〇〇〇人いようとも、一人一人と会社とのベクトル合わせをサボらなかったことが、不可能を可能にした最大の秘密だろうと思うんです。人事部に任せないし、部門単位にも任せない。一番激しいときは年に四回、自己申告をやって、年に四回、人事異動があった。人事部の目標値として、一回の人事で三分の一の願いをかなえるというように。だから一年たつと、絶対に異動したい人は、その願いがかなうしくみになっていた。ちょっと動かしすぎでしたけどね。今は年に二回ぐらいに戻していると思います。この、「一人一人との個別ベクトル合わせ」も効いているんじゃないでしょうか。

星野　そうですね。星野リゾートもＥＳ調査は年一回で、全体のスコアは公開しています。異動希望も取っています。この人にここにいてもらわないと困るよね、という事情があって、急にはかなえられないこともありますが、異動希望は極力かなえることを原則にしています。二年、三年と同じ希望が出てくる場合は、多少厳しくてもかなえてやろうと。一年間、時間をくれと、その間に代替の人材を探して希望をかなえるから、というケースも多くしています。

藤原　希望は必ずかなうわけですね。

星野　少々時間はかかりますが。僕らは拠点が多いですから、こういう文化で、こういう環境で働いて欲しいなと思っていても、各所で若干文化にズレがあったりします。異動希望がある時には実現するほうが大切な社員を失わずに済むと思っています。

藤原　なるほど。やっぱり、一人一人とのベクトル合わせをサボらないわけだ。

組織から独立したかけこみ寺を用意

星野　星野リゾートには「オー人事制度」というのがあります。「オー人事制度」とは現場の悩みや職場の問題を、私も含めて経営幹部がまったく知らないところで解決するしくみです。そこに相談して、合意の上で解決方法を探っていくというしくみを取っています。

藤原　たとえばどんな問題ですか？

星野　パワーハラスメントとかセクハラとか差別とか、上司や総支配人に相談することが馴染まないような組織の問題に対して、解決方法を見いだしていくしくみです。

藤原　外国人の従業員の方も含めてでしょうか？

星野　そうです。組織のヒエラルキーとはまったく違ったところに連絡してもらって、そこと本人が合意しながら対応していくということですね。

藤原　そうか、上司に言いにくい、人事に言いにくいこともある。

星野　そこで話し合って解決方法に合意できれば、場合によっては上司に話したり、僕に連絡が来たりします。でも本人が知られたくないという場合は、経営陣に伝えないで、サポートしていくやり方をしています。

9 ビジョンを共有する強い組織は、必ずある種の「宗教性」を持つ

ビジョンが共有できなければ組織は崩れる

藤原 不可能を可能にするキーワードの九番目は「カリスマ性」です。ビジョンを共有する強い組織は、ある種「宗教性」を持つと僕は思っていて、リクルートもそうでしたが、星野さんのところも同じではないかと思います。これはオーナーカンパニーであれば当たり前だと思うんですが、カリスマがいて、宗教性を帯びていてもいいと思うんですよ。それは星野イズムという理念が、どれほどすべての現場に共有されているかという話ですから。毎朝スローガンを唱和させるみたいなところもあっていいし、ツイッターを駆使する手もある。理念の共有というところで、星野さんがカリスマ性を帯びるのは全然あり。それを「宗教性を持つ」という言葉で、僕は遠慮なく語っちゃうのですが。

星野 私たちはもともとのスタートが、就職してくれない会社だったですからね。

藤原　就職してくれない会社ね、これが大事なキーワード（笑）。

星野　そうそう。当時は給料も高いわけではないし、休みが多いわけでもないけれど、ビジョンはありました。ビジョンがあって、そこに向かって最短距離で行きますと。そのプロセスはフラットで自由ですと、そういう価値観だったんですよね。そこに共感して来てくれた人が多いので。別に星野リゾートにいても安定するわけじゃないんですね。だからビジョンを共有するという点が大切。逆に僕らがちょっとでもビジョンとかけ離れた行動に出ると、組織はすぐに崩壊していくと思います。

藤原　なるほど。

星野　社員は会社に忠誠心があるわけでもないし、僕らに忠誠心があるわけでもなくて、ビジョンに対して意義を感じて入ってきているメンバーがすごく多いんですよ。

藤原　しかも自動車や時計のような形のある商品をつくって、その機能でお客様が満足するという種類のものじゃないですからね、サービス業って。

星野　そうですね。だからリゾート運営の達人になると言いながら、会社のお金をほかのことに使い始めたりすると、スタッフは離反していくと思います。そういう、かなりビジョン・オリエンテッドな組織だと思いますね。

藤原　サービス業の中でも、この事業には、とくにそういう特色があるんですね。

10 シンボルをマネジメントする

象徴となるものに投資して意識を一瞬で変える

藤原　最後に「シンボルをマネジメントする」について述べましょう。僕はこれだけで一冊の本になるぐらい、大切なことだと思っているんですけど。不可能なことを可能なものとして実現していくためには、象徴となるものをどう打ち出していくかが、実は肝になる。その点、リクルート創業者の江副さんが非常にうまかったのは、象徴的なものにドバッと投資して、みんなの意識を一瞬にして変えるということをしてきた。

星野　何をされたんですか？

藤原　たとえば簡単に言うとこういうことです。会社の未来にとって、採用が一番大事だったとします。でも社員に「採用が大事だ！」と朝礼でなんぼ言ったってわからない。じゃあどうするかといったら、一番売上をあげているトップの営業所長を採用課長にすえちゃう。するとその人事一発で、「採用が大事だ」という会社の姿勢を象徴しますよね。だからその瞬間に、すべてのマネジャーの意識が採用に向くわけです。

星野　なるほどね。

藤原　あるいはリクルートが通信事業を始めたとき、まず技術者が必要だった。でも当時のリクルートの実力じゃ、技術者なんか採れないわけですよ。じゃあ、どうやって優秀な技術者を呼び寄せるのかというときに、一六億円のスーパーコンピュータを日本で初めて買っちゃったわけですね。それが日経新聞や日経産業新聞の一面トップに、写真付きで載る。すると最先端のコンピュータを使いたい学生たちがグッとくるでしょ。それで翌年には、東工大のコンピュータやってる学生が一番たくさんリクルートに来て、教授会で問題になったりした。僕はリクルートというビジネススクールで、この**「象徴のマネジメント」**という奥義を学んだんです。

星野　それを和田中にも応用された?

藤原　そうですね。簡単な話、僕が和田中の校長になったとき、最初の始業式で生徒たちに言ったのは、「今日から校長室をオープンにするから、遊びに来てね」ということ。でもふつうはそう言われたって来ないですよね、こわくて。だから本当に扉を一日中開けっ放しにして、そこへ漫画を三〇〇冊ぐらい置いちゃう。リクルートにいたとき、グループ会社でメディアファクトリーという出版社を創業したんですが、その会社で一番ヒットしたのは『あたしンち』というけらえいこさんの漫画。これをメディアファクトリーから取り寄せて、漫画をズラリと並べておいた。それから学校のコンピュータが壊れると、「分解したいやつは来てみろ」と言って、校長室に置いておく。すると絶対に校長室にも職員室にも来ないようなオタク風の男の子が喜んで来たりして（笑）。

星野　面白いですね。

藤原　なぜ校長室を開放したかというと、今までの学校は閉じていた。鎖国している印象が強かったと思います。その象徴が校長室ですよね。校長室は本当は行きたくないところで、呼ばれて行って、ガラッと戸を開けると、お母さんが泣いているとか（笑）。でもそこがいつも開放されていて、玉手箱みたいにオモロイことがいっぱいあって。たとえば校長が知っている人がいろいろ来て、自己紹介をさせられたり。「この間はノーベル物理学賞を取った小柴昌俊さんが来ていたぜ」みたいな話がどんどん広まっていく。すると、校長室が開かれるというたった一つのアクションで、和田中に関わる人々全体の意識が開かれていくわけです。

星野　なるほどね。

〝軽井沢の老舗〟から日本の運営会社へ

藤原　恐らくリゾートの開発でも、そういう手を使うんじゃないですか？　資金が無制限にあれば、じゃんじゃん金を投資すればいいんだけど、非常に限られている中でやらなくちゃいけないとなると、シンボルにガッと投資していくみたいな。

星野　そこまで意識してやれているかどうかは疑問ですが、星野リゾートでは軽井沢から小淵沢のリゾナーレの運営に一歩踏み出したことが、大きかったですね。

藤原　というと？

星野　星野リゾートがリゾナーレの運営に乗り出したのは二〇〇一年です。まだ軽井沢が安定し切れていなかったときに、あえてリスクを取っていこうとしたわけです。というのは私たちは軽井沢を出たいということを、ずっと言ってたんですね。軽井沢とともに心中したくないんだと。軽井沢を超えて運営していくことが、リゾート運営の達人になる第一歩だと思っていました。それまで僕らはずっと〝軽井沢の老舗〟と言われていたんです。そこから〝日本の運営会社〟にどうやってなるかという。そのときにはリスクを取っていかなければ、自分も含めて組織が本気にならないと感じました。

藤原　リスクは高いでしょ。象徴的なものに一気に賭けていくという。

星野　そうですね。それからもっと大きかったのは、リゾナーレのあと、福島県の「アルツ磐梯」と北海道の「アルファリゾート・トマム」を手がけたことです。アルツとトマムにある巨大スキー場も、リゾートの運営なんだと。星野リゾートに運営を任せてくれるのであれば、スキー場でもどこでもどんどん行くんだということを、示すことができました。その後アメリカの投資会社ゴールドマンサックスと組んだことも、大きな意義がありました。所有と運営を分離させていく、というときに、その所有を世界最大手の投資会社がして、運営を星野リゾートに任せてくださった。

藤原　ゴールドマンと組んだのは、トマムからですか？

星野　いえ、石川にある老舗の「白銀屋」と青森の「青森屋」、「奥入瀬渓流ホテル」等です。リゾートではなく旅館なんですよ。

藤原　「リゾナーレ」は違うんですか？

星野　「リゾナーレ」はファンドではなくて、自社所有です。最初の案件なので、星野リゾートはリスクを取って所有しています。

藤原　ほう。自分で買ったと。

星野　というのは、星野リゾートは軽井沢で業績がけっこうよくなってきていました。一九九五年ぐらいからなんですけど。五年、六年、連続増収増益となっていって、バブル崩壊後のリゾートでは珍しかったんですね。そのころから「リゾート運営をやりたい」ということを業界誌で語っていたんですが、すると「軽井沢の星野さんはなぜ業績がいいか」という記事を書かれて、だいたい理由は「老舗だから」と言われてしまう。軽井沢なのに温泉があって、土地があって、資金力があるからうまく行くんだ、結局星野は軽井沢の老舗だから、うまくいっているんだと言われるだけで、「運営がうまいんだ」とは、ひと言も言われない。

藤原 なるほど。運営では評価されなかった。

星野 それでリゾナーレのお話を金融機関からいただいたときに、当時まだそんなに売上がなく、大きなリスクでしたが、「軽井沢の老舗」から「日本の運営会社」に脱皮するチャンスだと感じました。

売上と同じだけ借金して「リゾナーレ」を買う

藤原 どれくらいのリスクだったんでしょう?

星野 そうですね。当時の軽井沢の売上が三〇億くらいでした。「リゾナーレ」を買うときは、約三〇億弱借り入れましたね。

藤原　軽井沢の売上と同じだけ借り入れて。

星野　そうです。そこが星野リゾートにとってはものすごく大きな決断だったのですが。でも「リゾナーレ」の経営が短期間に改善したことは、大きな自信になりました。

藤原　結局、そこに集中して資源を投入したと。

星野　「リゾナーレ」のあとアルツ、トマムの運営を行って、そこがうまく回り始めたので、初めてゴールドマンサックスが注目してくれたというわけです。

藤原　そういう順番でしたか。

星野　ですからやっぱりリゾート運営の達人になるためには、それを証明しなくてはいけない。そうしないことには誰も信じてくれないわけで。そのためにはリスクを取ろうと。結果的にはここが大きかったと僕は思っています。

藤原　やっぱり「リゾナーレ」がシンボルだったんですね。

星野　そうですね。最初に「リゾナーレ」に取り組んだ時にはスタッフはみんなかなりビビっていました。僕も含めて。

藤原　もちろんいろいろ分析されたでしょうが、かなり無謀でもあった?

星野　無謀だったと思います。ですから、賛成、反対、いろいろありました。僕もけっこう迷っていた部分があったんですが。でも最後に決めたのは、実は深いビジネス上の理由じゃないんですよ。

藤原　それ、ぜひ聞かせてください。

再生先の人材が優秀な戦力として育つ

星野　実は金融機関から「リゾナーレ」の話があったとき、僕はちょっと迷っていました。そしたら「ちょっと現地を見に来てください」と言われました。そのとき「リゾナーレ」にはいくつかスポンサー先の候補があったそうなんですが、「リゾナーレ」の総支配人で親会社から出向していた福田さんという人が、社員に「星野リゾートの社長が施設を見に来る」と言ったらしいんですよ。

藤原　ほほう。

星野　すると、総支配人も含めて社員たちみんなが「星野リゾートにここをなんとか引き受けて欲しい」と思ったらしく、実は僕が行ったとき社員全員が待っていてくれたんです。僕はそれを知らないで、ただ施設を見に来たつもりで入っていったら、全員が待っていてくれて……そこにすごい熱意というか、気持ちが伝わってきました。

藤原　サプライズだったんですね？

星野　ええ。僕はその時から、「私たちはリゾート運営の達人になると言っているじゃないか」と。「来てくれ」「助けてくれ」という要請があったのに、自分がビビって行かないようでは、達人になれるだろうか？　ということを感じはじめました。ですから、自分たちがこういうビジョンを目指していく以上、ここは逃げてはだめだ、と。そんな雰囲気で決めました。

藤原　そういうことだったんですね。

星野　ここから人も育ちました。今、「リゾナーレ」の総支配人をしている桜井もそうですし、東京や名古屋の営業をバリバリやっている土橋とか、グループ全体の保養所の契約を担当している小松も、もともと「リゾナーレ」にいた社員です。彼らが今私たちのしくみの中でリーダー的な役割を果たしています。

藤原　シンボルのマネジメントから新しいタイプの人材が輩出される。

星野　「青森屋」の時も、大型温泉旅館で難易度が高く、最初から勝算があったわけではないのに、すごくうまくいったケースです。「青森屋」の社員も、今では星野リゾートグループのしくみの中で中心的な役割を果たし始めています。つまり再生に行った先の優秀な人材が、その後の会社全体の方向を決めているんです。

藤原　不可能を可能にするしくみが見えてきましたね。星野リゾート、リクルート、それからリクルートの手法をとりいれた和田中、と共通するものが。

繁盛店にお客さんが来てくれるわけ

藤原　星野リゾートになぜお客さんがもう一度来てくれるのか、僕はこう考えているんです。どんな商売でもそうですけど、「商品」×「サービス」が「価格」よりも大なりという方程式が成り立つ。そういうときはもう一度来ようとしますよね、お客さんは。マクドナルドが流行っているのは、明確に**商品**「味とボリューム」×**サービス**「スマイルとスピードとクリンリネス」が「**価格**」より大だと思うからです。

星野　そうですね。

藤原　実は学校でも同じで、商品「教える内容」×サービス「教師の技芸」が「生徒一人にかける教育コスト」を上回っていれば、人気校になれる。教育コストは今まで教育界ではまったく意識されていなかったんですが、義務教育だと一人の生徒に年間一〇〇万円かかっているんです。授業のコマ数は年間一〇〇〇コマありますから、一コマ一人の生徒に一〇〇〇円のコストがかかっている。つまりひとつの授業で一人あたり一〇〇〇円以上の価値が出せているかどうかで考えるべきだと。そうして「付加価値」を常に改善していくことにこだわれば「集客力」が上がります。

星野　和田中は受験する学校ですか？

藤原　いえ、違います。公立ですから。僕が校長を引き受けたときは、生徒が一六九人しかいなかった。でも僕が校長になって学校を改革したら、五年間、生徒数が増えつづけて、二〇一一年度には四五〇人規模の杉並区で最大の学校になる。しかも学力レベルは五年間、上がりっぱなしです。だから学区外からも、和田中に入りたいという生徒がやってくる。まさに行列ができる学校になってしまいました。

星野　そんなに変わるんですね。

藤原　つまり和田中を商売繁盛の方程式にあてはめるとこうなります。「商品」は「教える内容」ですね。たとえば［よのなか］科のハンバーガーの授業や、五〇分授業を四五分授業にして三年間で四〇〇コマ近く授業のコマ数を増やして、解りやすい授業をしていること、など。掛けること（×）の「サービス」は「教師の技芸」。これは大人と一緒にブレーンストーミングをやったり、ゲストティーチャーを呼んだりということですね。すると一コマ一〇〇〇円以上の価値を親や生徒が感じてくれる。だから生徒が以前より集まるようになった。

星野　なるほどね。

藤原　星野リゾートの場合、この方程式にあてはめると、どうなりますか？

星野　そうですね。方程式は同じですが、僕らの場合は施設という要素も入りますね。その上にスタッフのおもてなし、ホスピタリティですね。

藤原　つまり商品「施設」×サービス「ホスピタリティ」が「付加価値」なんですね。それが「価格」より上回れば、お客さんがまた来てくれる。リピーターが増えるということ。そして、常に「付加価値」を改善し向上させることのできる組織をつくるには、この章で採り上げてきた1から10までのマネジメント手法が有効だということでしょう。それが「リゾナーレ」の集客力にもつながっているのですね。よくわかりました。

「商売繁盛の方程式」 なぜお客様はリピーターになるのか？

商品　×　**サービス**　≧　**価格**

［ マックの場合 ］

味とボリューム　×　スマイルとスピードとクリンリネス　≧　100円

［ 学校の場合 ］

教える内容　×　教師の技芸　≧　1000円／1コマ／児童・生徒1人

［ リゾートの場合 ］

施設　×　おもてなし　≧　価格（たとえば10000円）

第2章

なぜ和田中学校は抽選になってしまうのか？

そのマネジメント2

東京都杉並区にある和田中学校は平成16年度の杉並区の学力調査では、23校中21位の中学だった。統廃合も目前の杉並一小さな中学に、民間人初の校長がやって来た。新校長が掲げた目標は169人（卒業時は168人）の生徒を、まずは倍にすること。そのために「世界でいちばん通いたい学校」づくりが始まった。手法は「正解主義」から徹底した「修正主義」へ。驚くべき改革の数々が実行に移された。そして和田中は奇跡の変化を遂げた。

和田中の改革はどのように行われたのか

東京初の民間中学校長が誕生！

藤原和博が東京都杉並区にある区立和田中学の校長を務めたのは二〇〇三年から二〇〇八年まで五年間である。そのきっかけは一九九九年、山田宏が杉並区長に選ばれたことから始まる。山田区長は地域の将来を考える「二一世紀ビジョン審議会」を設立。そのメンバーに藤原を任命した。

藤原は杉並区教育委員会のアドバイザーとして、「校長をまず変えよう」というアクションプランをつくった。だがほとんど効果が上がらない。なぜなら、現場に教育を変えようとする気がまったくなかったからだ。

「ならば、自分でやってしまえ」。藤原は杉並区教育委員会に、「校長になりたい」と申し出た。前例はなかったが、藤原の申し出はおおむね好意的に受け止められ、任期つきの校長として、東京都では義務教育初の民間校長が誕生することになった。

藤原が校長になったとき、和田中には一六九人の生徒しかおらず、統廃合の瀬戸際にあった。杉並区の学力調査では杉並区の中学校二三校のうち、ビリから三番目（二〇〇四年度）。藤原は迅速に行動を起こそうとした。だが和田中での藤原に対する反応は、当初は芳しいものではなかった。

そこで彼はまず、教師たちとの関係づくりから始めた。教員がいやがる仕事、たとえば親の不満を聞いたり、教員とのもめごとの仲裁に入ったりする役も、積極的に引き受けた。すると、だんだんみんなが藤原を信頼するようになった。彼の特徴は自分の行動に対して、すべて責任を持つことだった。説明責任はビジネスの世界だけでなく、教育の場においても重要な要素である。それを藤原は熟知していた。

その根っこは、彼が大学卒業と同時に勤めたリクルート社にある。リクルートのスローガンは「自ら機会を創り出し、機会によって自らを変えよ」。藤原はこれを和田中に持ち込んだのである。

学力はトップ、入学希望者が殺到する中学へ

たとえば彼は成績上位の子の力をのばすことで、学力アップを試みた。とくに英語科目で成績上位の子のための英語特別コースを設置。といっても英語の教員にこれ以上負担をかけられない。そこで、私塾の塾頭（つまり教えるプロ）に指導を頼み、大学生のアシスタントをつけたのである。

もちろん、この試みは批判の集中砲火を浴びた。「成績の良い子だけを特別扱いするなんて、平等の精神に反する」という非難が藤原に集中した。

だがやってみたらどうなったか。英語特別コースで力をつけた生徒たちが、成績中下位の子たちに教え始めたのだ。子どもたちは、教員だけから学んでいるわけではない。互いに学び合っているからだ。その結果、全体の英語の成績が何と杉並区のトップクラスまで引き上げられたという。総合学力も五年間、向上しつづけた（［図2］参照）。ビリから三番目の学校が、あっという間にトップクラス入り。システムを変えただけで、これだけの成果があがる。教育関係者がよく語る「教育は長い目で見なければ結果が出ない」というのはサボリの口実なのだ。

［図２］和田中学校の学力向上への取り組み

2004〜2010年度杉並区学力調査結果

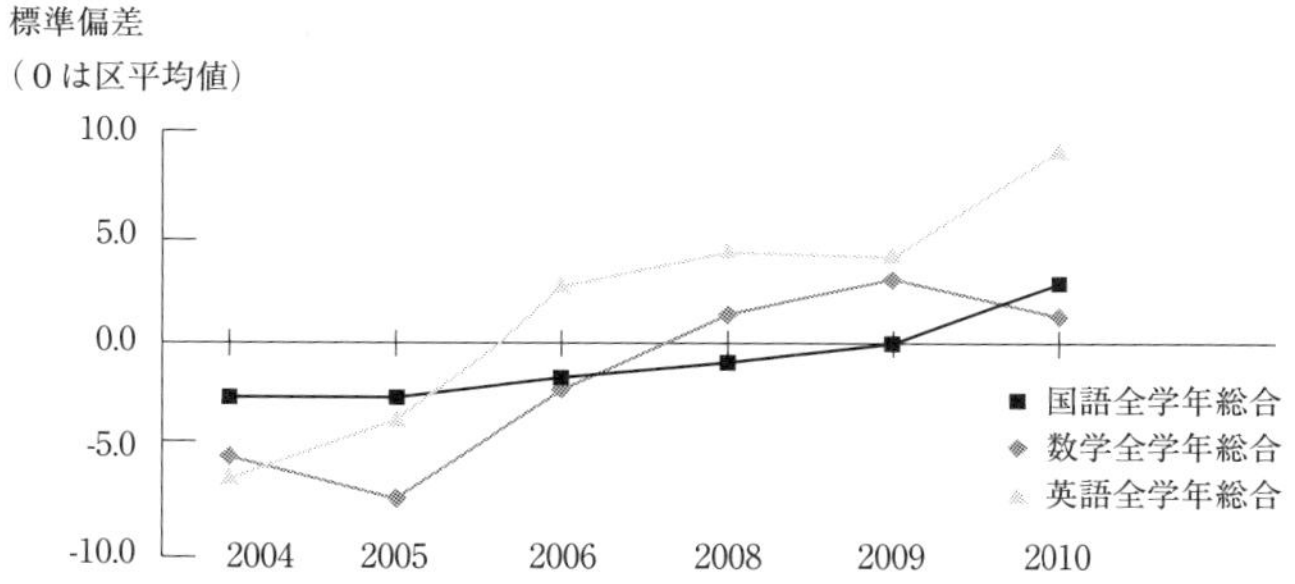

2004年度より開始された杉並区の学力調査において、和田中の学力は一貫して向上してきた。2008年度調査では、3学年の英語、国語、数学の合計得点が杉並区の平均を上回り、2010年度はその点数が飛躍的に向上し杉並区のトップとなった。

もちろん、藤原は成績上位の子だけに勉強する機会を与えて、他の生徒をおざなりにしていたわけではない。成績がふるわない生徒は、どの段階からわからなくなったのか、それを調べた。ビジネスにおいても、弱い部門を把握して強化するのは、王道である。

そして始めたのが、土曜日の午前中に補習を行う「土曜寺子屋」、略して「ドテラ」。おもに教師をめざす大学生をボランティアにして、子どもたちの勉強を見てもらったのだ。とくに数学で成績が悪い子は、小学校の分数や小数でのつまずきから始まっていることがわかった。

そこで子どもたちに任天堂ＤＳを持たせ、ゲーム型の学習ソフトで小学校算数の復習をさせたのである。

ほかにも五〇分授業を四五分単位に縮めて、余った時間を英数国の主要教科のコマ数にあてるという改革も実行した。ビジネスにおけるタイムマネジメントの手法である。これによって、主要三科目のコマ数が週一コマずつ増えることになり、和田中の学力は飛躍的に向上した。

その結果、和田中は見事に復活をとげた。二〇一〇年度の調査では学力でなんと杉並区トップの成績に。生徒数も四〇〇名を超え、学外からの越境希望者も殺到した〔図3参照〕。不動産会社が和田中学の学区であることをセールスポイントに使うほどである。

校長が変われば、学校が変わる。和田中の実績はそれを見事に証明したのである。

［図3］和田中学校の過去7年の生徒数の推移

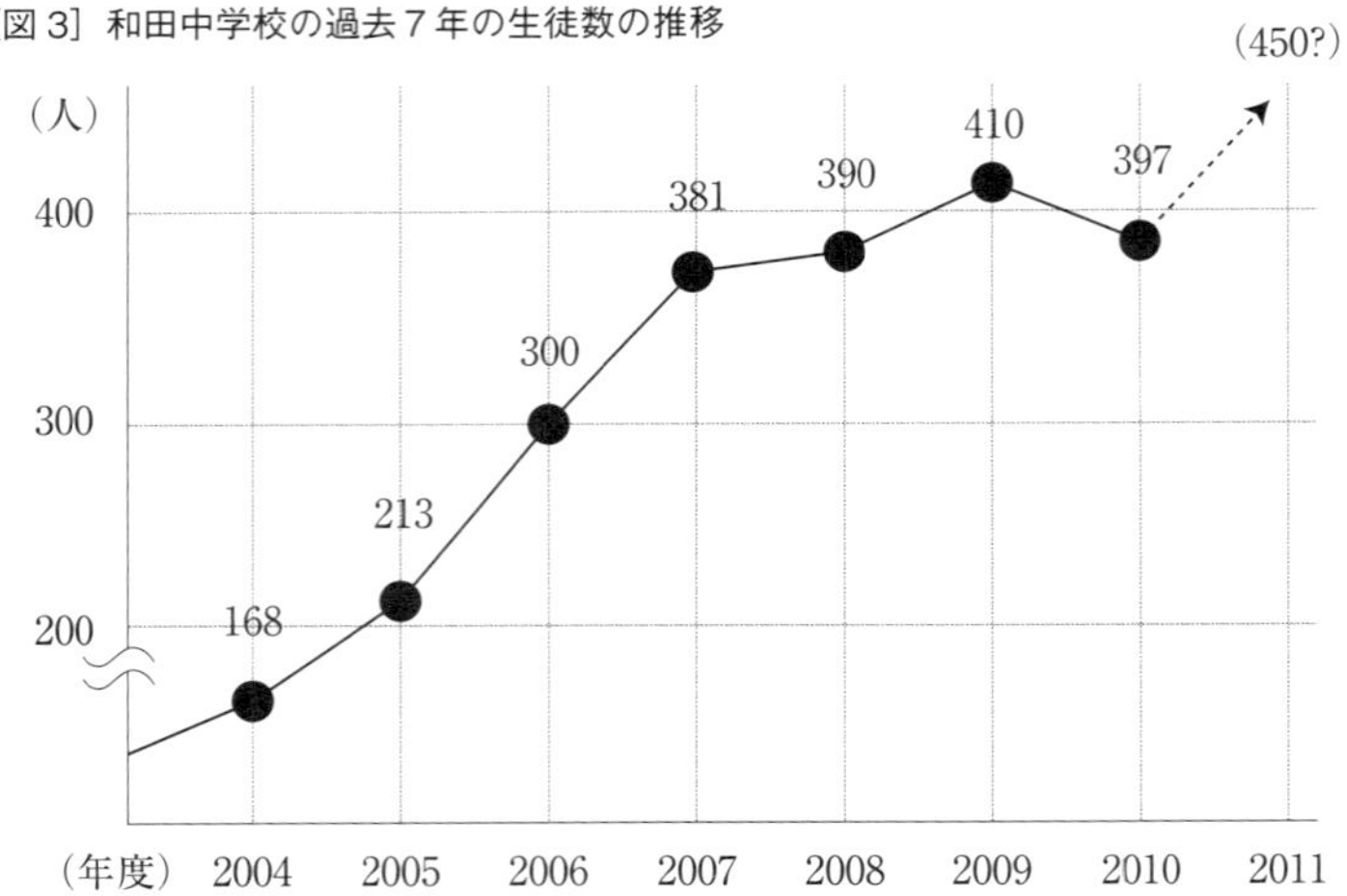

PISAとTIMSSの学力テストは、何が違うか

藤原和博

先日、日本の国際的な学力レベルが発表され、一貫して下がりつづけてきた日本の学力が改善されたというニュースが報道されました。とくに読解力では前回の一五位から八位に上昇。関係者はほっと胸をなでおろしました。初参加の上海が読解力、数学的リテラシー、科学的リテラシーの三分野ですべてトップを独占。世界を驚かせました。この学力テストはOECD（経済協力開発機構）が世界六五カ国、四七万人の一五歳男女を対象に行ったもので、通称PISAと呼ばれています。特徴は学習の習熟度を見るのではなく、「知識や経験を活用して、課題に対して取り組む能力」をはかるという点。

たとえばPISAの例題に「壁の落書き問題を考える」というものがあります。ニューヨークでは壁の落書きでリキテンシュタインやキース・ヘリングなどのアーチストが育ちました。Aさんは「公共物に落書きするのは犯罪だ」と言いますが、Bさんは「突然、壁

が塗られて広告になったりする。あれだって道行く人に許可を取っていないのだから、発信しているという意味では落書きと同じ。それくらいの寛容さがなければ、アーチストは育たない」と反論します。その内容を読んだ上で、「あなたの意見はAさんとBさんのどちらに近いですか？　その理由とともに答えなさい」と問われます。ここでは思考力、判断力、表現力、言い換えると「情報編集力」が問われるのです。

それに対してIEA（国際教育到達度評価学会）が行う学力テストはTIMSSと呼ばれます。これは従来の学習到達度を問うもので、いわゆる読み、書き、計算などの狭義の学力が判定されます。つまり「情報処理力」です。

これからの成熟社会では、「情報処理力」だけではなく、PISAに象徴される「情報編集力」型の思考力、判断力、表現力を培っていかなければなりません。その意味で、日本がPISAの国際学力テストで順位をあげているのは喜ばしいといえるでしょう。

東大など難関大学の入試問題は「情報処理力」だけでは解けない「情報編集力」にシフトしたものになっています。また企業の採用も、面接重視のPISA型になっていると言っていい。しかし公教育の現場ではまだ九割ほどの授業が、「情報処理力」中心に行われています。中学校ではこの割合を七割に、高校では五割に下げ、「情報処理力」と「情報編集力」のバランスをとった教育を行うのが理想です。

今、日本の社会はどうなっているのか

「成熟社会」に対応した「情報編集力」とは何か？

藤原和博

日本は「成熟社会」に入ってすでに一〇年が経つ

今、日本の社会は大変な閉塞感におちいっています。足踏み状態の経済がその顕著な例です。経済だけではありません。実は教育でも学校の機能低下が止まらない。なぜなら日本の教育は五〇年前と少しも変わらぬやり方で行われているから。信じられますか？　社会がこれほど変化しているというのに、五〇年前の教育がいまだに行われているなんて。それがまた日本の産業の足を引っ張って、閉塞状況に追い込んでいる。だから日本の教育を変えなければいけない、という話をしたいと思います。

いまだに日本で行われている五〇年前の教育とはどんな教育か。それは「発展途上国」の経済成長に必要な「情報処理力」の高い労働者を養成する教育です。「情報処理力」とは、決められたパターンや公式を運用して、いち早く正解を導き出すチカラのこと。二〇世紀後半の日本を引っ張ったのはまさに「情報処理力」に優れた官僚やホワイトカラー、ブルーカラーでした。

戦後日本の教育の目標は、この「情報処理力」に重点を置いてきた。つまりいかに早く「正解」を言い当てられる人間をたくさん輩出するかが、教育の目的だったんですね。それを私は「正解主義」と名付けています。

なぜ「情報処理力」に優れた人材が必要だったのかというと、日本が先進国の真似をして、成長をつづけていたからなんです。成功の前例やパターンをせっせと習い、従順に踏襲して、習熟する。つまり「情報処理力」さえあれば、日本は先進国のように成長していけました。

だから「1＋2は？」と聞かれて、即座に「3」と言い当てられるかどうかが大切だった。「コロンブスがアメリカ大陸を発見したのはいつ？」と問われて、瞬時に「一四九二年（イヨー、クニが見えた！　と覚える）」と答えられるかどうかが、その人の優秀さをあ

［図4］落ち始めた日本経済の基礎代謝

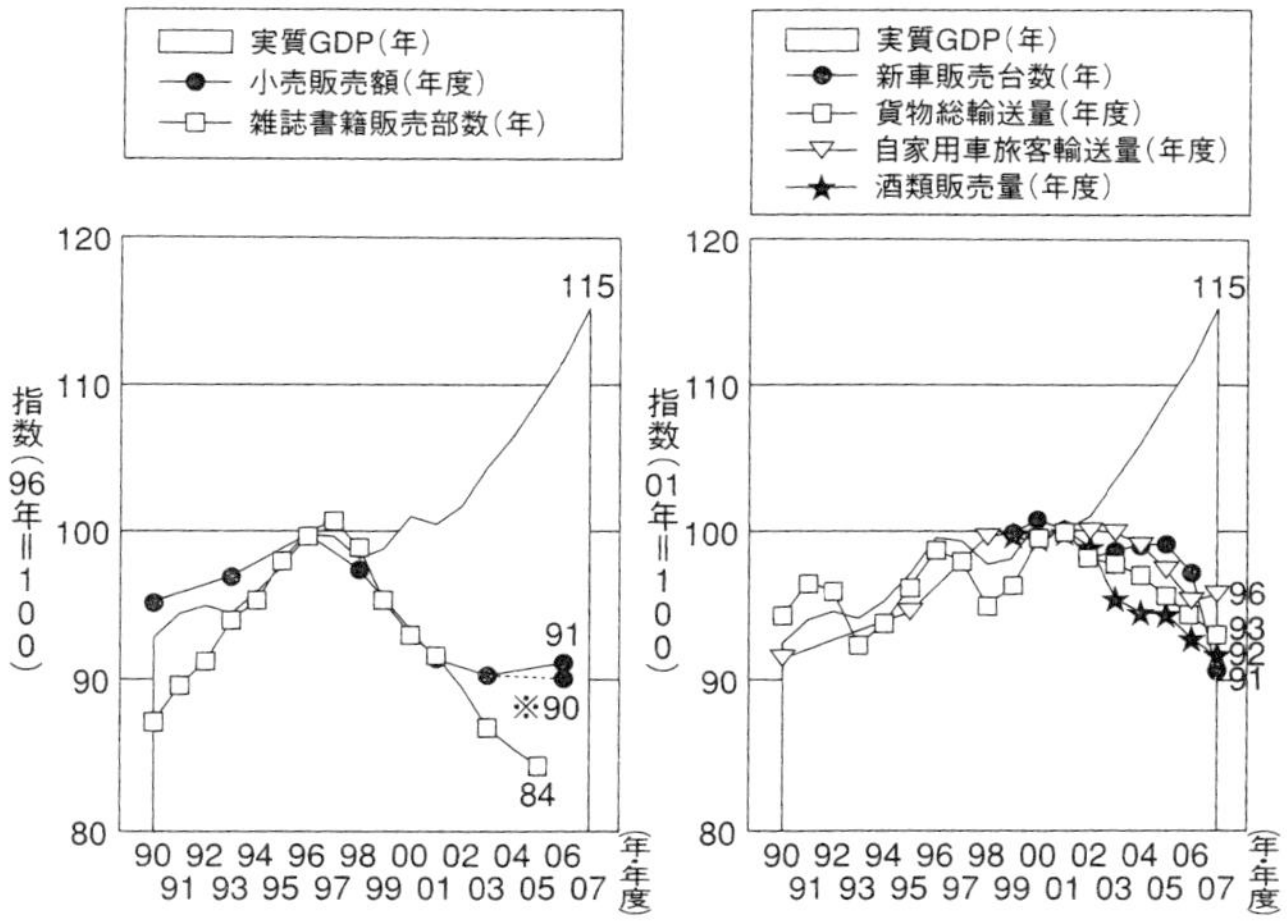

藻谷浩介著『デフレの正体』（角川oneテーマ21新書）より引用

らわす指標だったのです。これが狭義の「学力」として定着しました。「情報処理力」はテストで容易に判定できますから、「見える学力」といってもいいでしょう。わかりやすい時代だったんですね。

たしかに正解のパターンを丸暗記して、即座に正解を導き、文句も言わず、従順に命じられたことを処理できるたくさんの人々が、日本の成長を支えてきたのは事実です。会社でも「情報処理力」に優れた社員が業績を伸ばしました。それを私は否定しません。

でもバブルが崩壊して、二一世紀に入ると、今までの「正解」が通用しなくなってきました。昨日と同じやり方をしていれば、成長するという時代は終わったんです。価値観が多様化し、複雑になり、変化する「成熟社会」が到来した。

日本が「成熟社会」になっている例を示しましょう。国内の小売販売額は一九九七年から一貫して下降トレンドをたどっています〔図4参照〕。九八年になると、書籍や雑誌の部数や、一人当たりのタンパク質、脂肪の摂取量がダウン。二〇〇一年には新車の国内販売台数も落ち始めました。

つまり一九九七年をピークに、右肩上がりの社会は終わっている。その後、一時的に輸出が伸びて〝ミニバブル〟が訪れ、まだ成長社会であるかのように錯覚した時期もありますが、もう発展途上国としての日本が終わりを告げたことは明らかなんですね。

「情報処理力」から「情報編集力」へ

こんなふうに日本はどんどん「成熟社会」に入り込んでいるのです。「成熟社会」とは多様化、複雑化が進み、変化が激しく起こる社会を言います。それまでの〝みんな一緒〟から〝それぞれ一人一人〟に分かれていく時代が始まった。

すると、どうなるか。「成熟社会」の日本で必要とされるのは、与えられた正解通りに素早く処理する「情報処理力」ではありません。身につけた知識や技術を組み合わせて、その時々で納得できる解答、つまり「納得解」を導くチカラです。

だって、もう正解は一つじゃないんですから。今までのように一生懸命勉強して、いい大学に入って、一流企業に勤めれば、幸せな人生を送れるという「正解」はない。これからは〝一千万人いれば一千万通りの幸せ〟に分かれていく。

多様で、複雑で、変化の激しい「成熟社会」では、現実の社会にありもしない、たったひとつの「正解」を求めて、一〇〇回会議を重ねても何も意味がない！

正解が一つではない問題に対して、持てる知識、技術、経験を駆使して最適解、つまりは「納得解」を導くチカラが必要なんです。それを「情報編集力」と名付けました。

「情報編集力」とは、「コロンブスがアメリカ大陸を発見したのはいつか」ではなく「コロンブスがアメリカ大陸を発見したあとに、人々の世界観はどう変わったか？」について、自分の頭でイメージできるチカラです。つまり、より複雑で、複眼的な見方が必要とされる課題に対して、「最適解」を導けるチカラ。

それがひいてはアフガン戦争の影響や北朝鮮の未来を予測し、自分の仕事や生活と、そうした世界の変化の関係性を想像する力にもつながっていくんじゃないでしょうか。

こちらはテストでの採点が難しいから「見えない学力」とも呼ばれます。でも、本番に強い人やいつも運が良いように見える人、世の中の景気と無関係に元気な人に共通のチカラでもあります。

なるほど、最近、今までとは違ったタイプの天才や成功者、幸運な人があらわれてきた気がしませんか？　それも、こんな理由からだったんですね。

「ジグソーパズル」ではなく「レゴ」を組み立てる力

「情報処理力」は、いわばジグソーパズルを早くやり遂げる力のようなもの。一つのピースに正解の場所はたった一つ。まさしく「正解主義」の典型的なゲームです。

でも、全体の図柄はあらかじめメーカーが決めています。ディズニーのキャラクターだったり、お城がある風景だったり。中には全体が真っ白のミルクをつくるというおそろしいジグソーパズルもあったそうですが。

決められた正解に向けて、どれだけ早く、正確に到達できるかを競うのはまさに「情報処理力」そのものですね。

「情報処理力」に強い官僚は、この手の問題に強い。「完成図はこうだから、こうやっといてね」と指示されれば、その処理の早いこと早いこと。まさに、「情報処理力」の強化

2月の新刊 ●10日発売 ちくま文庫

ムカエマの世界
みうらじゅん

勝手な願いばかり書かれた「ムカつく」絵馬＝「ムカエマ」を元にした抱腹絶倒の漫画と、「コレ、限界デス！」と、著者が限界に挑んだエッセイ。

42803-5
756円

玉子ふわふわ
早川茉莉 編

国民的な食材の玉子、むきむきで抱きしめたい！森茉莉、武田百合子、吉田健一、山本精一、宇江佐真理ら37人が綴る玉子にまつわる悲喜こもごも。

42798-4
819円

霞が関「解体」戦争
猪瀬直樹

無駄や弊害ばかりの出先機関や公益法人はもういらない——地方分権改革推進委員会を舞台として、官僚を相手に繰り広げた妥協なき闘いの壮絶な記録。

42796-0
840円

椅子と日本人のからだ
矢田部英正

床坐文化の日本人ならではの立居振舞い・姿勢とは何か。腰痛や肩こりに悩まされがちな現代人が椅子と快適に付き合うための秘訣を探る。（平出隆）

42797-7
798円

与太郎戦記ああ戦友
春風亭柳昇

『与太郎戦記』シリーズ第三作。復員した秋本青年は、落語家になることを決意。個性豊かな芸人仲間や戦友たちとの交流を描く。（松本尚久）

42795-3
840円

実録ヤクザ映画で学ぶ抗争史
山平重樹 ●究極のドラマ

「仁義なき戦い」など根強い人気を誇る実録ヤクザ映画。選りすぐりの傑作を紹介し、映画の原型となった事件にも迫る。その虚実の面白さ！（蛯川正大）

42799-1
945円

ゲバルト時代
中野正夫 ●Since1967～1973

羽田闘争から東大安田講堂の攻防、三里塚闘争、連合赤軍のリンチ殺人を経て収監されるまで、末端活動家としての体験の赤裸々な記録。（鴻上尚史）

42789-2
998円

価格は定価（税込）です。6桁の数字はJANコードです。頭に978-4-480をつけてご利用下さい。
内容紹介の末尾のカッコ内は解説者です。

法然行伝
中里介山

『大菩薩峠』の著者、中里介山が描く仏教者法然の生涯。熊谷直実との交流を描いた名作「黒谷夜話」を併録。（橋本峰雄）

42804-2
861円

ちくま文学の森

7 悪いやつの物語

二壜のソース（ダンセイニ）酒樽（モーパッサン）桜の森の満開の下（坂口安吾）カチカチ山（太宰治）手紙（モーム）或る調書の一節（谷崎潤一郎）など22篇

42737-3
1155円

好評の既刊
＊印は1月の新刊

＊空気の教育
外山滋比古　空気が人を育てる?!　斬新な教育エッセイ
42794-6　651円

思考の整理学
外山滋比古　受け身でなく、自分で考え行動するには?　話題沸騰
★02047-0　546円

世界がわかる宗教社会学入門
橋爪大三郎　世界宗教のエッセンスがわかる充実の入門書
42227-7　819円

武士の娘
杉本鉞子　大岩美代訳　日本女性の生き方を世界に伝えた歴史的名著
★02782-3　998円

それからの海舟
半藤一利　新旧相撃つ明治を生き抜いた、勝海舟の後半生
42443-3　819円

＊とっておき名短篇
北村薫／宮部みゆき編　北村薫を唸らせた、とっておき12篇
42792-2　798円

＊名短篇ほりだしもの
北村薫／宮部みゆき編　宮部みゆきを震わせた、ほりだしもの19篇
42793-9　798円

名短篇、ここにあり
北村薫／宮部みゆき編　読み巧者二人の選びぬかれた12篇
42404-4　798円

つむじ風食堂の夜
吉田篤弘　食堂に集う人々の、懐かしくも清々しい物語。映画化!
★42174-2　609円

図書館の神様
瀬尾まいこ　人は神様に出会うことがある——珠玉の青春小説
42626-0　525円

よいこの君主論
架神恭介／辰巳一世　学校、職場、国家の覇権争いに最適!
42599-7　819円

自分の仕事をつくる
西村佳哲　様々な「いい仕事」の現場を取材した仕事論のバイブル
42557-7　798円

整体入門
野口晴哉　東洋医学を代表する著者が、初心者向けに要点を説く
★03706-3　630円

国マニア
吉田一郎　●世界の珍国、奇妙な地域へ!　ありきたりな常識を吹き飛ばす、国と地域が大集合!
42725-0　714円

ぜったい好きになってやる!
みうらじゅん　夢中になったもの全46。皆もやりたいこと満載
42537-9　756円

カスハガの世界
みうらじゅん　おかしいけどもらっても困るカスのような絵ハガキ
42178-5　924円

価格は定価(税込)です。6桁の数字はJANコードです。頭に978-4-480をつけてご利用下さい。
★印の6桁の数字はISBNコードです。頭に4-480をつけてご利用下さい。

2月の新刊 ●10日発売

ちくま学芸文庫

対極と爆発 岡本太郎の宇宙1

岡本太郎 山下裕二／椹木野衣／平野暁臣 編

多面的に活躍した20世紀の巨人の全貌に迫る著作集。一巻は戦後の「夜の会」から「太陽の塔」まで、その生涯を貫く「対極」の思想を集成。（椹木野衣）

09371-4
1680円

機関銃下の首相官邸

迫水久常

■二・二六事件から終戦まで

二・二六事件では叛乱軍を欺いて岡田首相を救出し、終戦時には鈴木首相を支えた著者が明かす、天皇・軍部・内閣をめぐる迫真の秘話記録。（井上寿一）

09349-3
1260円

英文対訳 日本国憲法

英語といっしょに読めばよくわかる！「日本国憲法」のほか、「大日本帝国憲法」「教育基本法」全文を対訳形式で収録。自分で理解するための一冊。

09359-2
567円

萬葉集に歴史を読む

森浩一

古の人びとの愛や憎しみ、執念や悲哀。万葉集には、数々の人間ドラマと歴史の激動が刻まれている。考古学者が大胆に読む、躍動感あふれる万葉の世界。

09353-0
998円

柳宗悦コレクション2 もの

柳宗悦

柳宗悦の「もの」に関する叙述を集めたシリーズ第二巻。カラー口絵の他、日本民藝館所蔵の逸品の数々を新撮し、多数収録。（柚木沙弥郎）

09332-5
1470円

フラクタル幾何学（上）

B・マンデルブロ 広中平祐 監訳

「フラクタルの父」マンデルブロの主著。膨大な資料を基に、地理・天文・生物などあらゆる分野から事例を収集・報告したフラクタル研究の金字塔。

09356-1
1575円

フラクタル幾何学（下）

B・マンデルブロ 広中平祐 監訳

「自己相似」が織りなす複雑で美しい構造とは。その数理とフラクタル発見までの歴史を豊富な図版とともに紹介。上・下巻同時刊行。

09357-8
1680円

価格は定価（税込）です。6桁の数字はJANコードです。頭に978-4-480をつけてご利用下さい。
内容紹介の末尾のカッコ内は解説者です。

をめざす日本の教育が総力を注いでつくりだした最強のサイボーグ。

ところが彼らも、世界観を創ったり、複雑にからみあう成熟社会へのビジョンを提示したりするのは不得意なんです。こちらには「情報編集力」が要求されるからです。

ゲームでいえばレゴみたいなもの。一つ一つの部品はシンプルですが、組み合わせれば、宇宙船にも、家にも、動物にも、人の姿にもなるし、文字通り、町全体をつくり出すことも可能です。それがレゴであり、「情報編集力」というわけ。

めざすべきは「ジグソーパズルの達人」ではなく、「レゴの達人」。

「情報編集力」こそが、世界観や人生観を創りあげたり、一人一人の幸福論をつむぎ出す力なんですね。私たちがめざすのは「情報編集力」。早く、正確に、従順に物事を処理する「情報処理力」はほどほどでいい。ここを忘れないように。

「情報編集力」の機能は世界観を構築できることだけではありません。無限の修正ができることです。何しろ「正解」が一つではないのだから、改革を始めてしまってから、「あれっ？　ちょっと違うぞ」というときでも、どんどん修正が可能です。顧客が求めるレベルまで付加価値をあげていくことができるんです。

私はこれを「正解主義」に対して「修正主義」と名付けました。「正解主義」に対応するのが「情報処理力」、「修正主義」に対応するのが「情報編集力」。それぞれセットになっていると考えてください。

パイが変わらない世界の中で、選択肢の幅を広げて人生を豊かに生きるには、「情報編集力」が欠かせないことは火を見るより明らかでしょう。

これからは「情報処理力」だけでなく、「情報編集力」を鍛える学習が必要です。もちろん子どもだけでなく、大人にも。あなたにも、ですよ。

変革のレバレッジがもっとも利くのは義務教育

ところが日本の教育は、いまだに「成熟社会」に入る前の発展途上国型で行われています。だから変えなければいけない。

と、ここまではいいとして、ここで気をつけなければいけないことがあります。

総論で「べき論」「理想論」を論じても何の役にも立たないこと。教育を論じるとき、私たちはとかく机上の空論をぶち上げてしまいがち。でも現実が変わらなければ何の意味もない。考えるべきは、社会を変えるためにもっとも効果が高いと思われる分野に対して、エネルギーを集中すること。つまり梃子の効果（レバレッジ効果）が高い場所ですね。

そこで、こんな図を書いてみました。文部科学省が主に担当する「教育」の領域と、マ

［図 5］「教育」が扱う領域

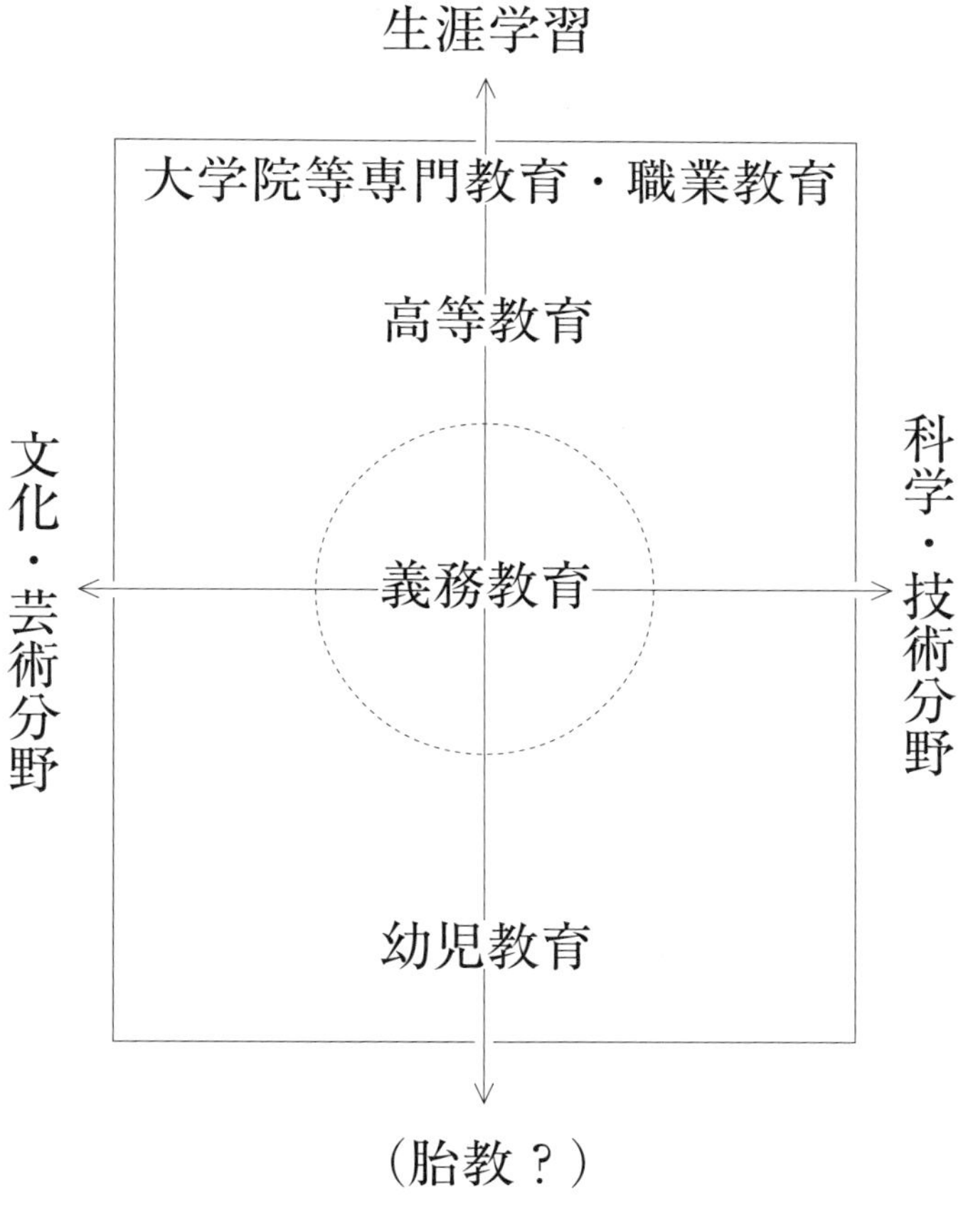
生涯学習
大学院等専門教育・職業教育
高等教育
文化・芸術分野
義務教育
科学・技術分野
幼児教育
（胎教？）

ネジメントでよくつかう「2×2（ツー・バイ・ツー）マトリクス」を合体させてみたのです（[図5]参照）。

縦軸には、人の発達段階に合わせて「幼児教育」から大学などの「高等教育」、「職業教育」、シニアになってからの「生涯学習」とつづきます。

横軸には、左側に「文化・芸術」分野、右側に「科学・技術」分野を配します。日本政府的にいうと、文化庁と旧・科学技術庁の領域ですね。

こうしてみると、一目瞭然のことがあります。つまり図のど真ん中に小中学校の「義務教育」が位置づけられる！　このことに、まったく違和感はないでしょう？

そうなんです。義務教育改革こそ、一番レバレッジが利く政策課題。教育を論じるとき、私たちが一番エネルギーを注がなければいけない分野、そして一番変革の効果が高い場所が小中学校の「義務教育」ということ。

しかし小中学校の「義務教育」に関しては、先ほど来、述べてきたように、発展途上国型の、つまり「情報処理力」偏重型の「正解主義」教育が相変わらず行われている！「成熟社会」に対応した「情報編集力」教育が行われていないために、日本の産業界の足を引っ張る形にもなっているのです。

みなさんの周りにもいませんか？　命じられれば処理はできる。でも課題の設定やビジヨン（世界観）そのものを創り出すことは不得手という人材が。だから日本は付加価値の高い産業へのシフトが遅れてしまった。

一つだけ、学校のカリキュラムが情報処理型の「正解主義」におちいっている例をあげてみましょう。

中学では国語で太宰治の『走れメロス』を必ず採りあげます。その際、日本では「帰り道を走るメロスの気持ちに一番近いものはどれか？　次の四つの中からもっとも適切な答えに○印をつけなさい」という教え方をします。

「正解」があることが前提なんですね。太宰治が聞いたら、なんと言うか。

クリティカル・シンキングを鍛える教育が必要

対して他の先進国では、国語の時間には自由なディベートが行われます。そのさいに重視されるのが「クリティカル・シンキング（複眼思考）」。物事を多方面から見る思考、判断、表現力のことです。日本ではこれが決定的に欠落しているんじゃないでしょうか。

『走れメロス』に関していうと、「クリティカル・シンキング」を促すには、こんな質問が考えられます。「メロスが約束の時間に間に合わなかったら、本当に王はメロスの友人を殺すだろうか？」とか「確実に間に合わないことがわかった場合、メロスはどんな行動をとると思うか？　ただし現代のようにケータイ電話はない」とか。

こんなふうに、授業でつねに多様な視点から物事の本質を検証しようとすれば、「クリティカル・シンキング」の芽（眼）が育つでしょう。「前例主義」「正解主義」の呪縛から脱することができる。

みんな一緒の「紋切り型（stereotype）」人材を育てるか、それぞれ一人一人の「多様性（diversity）」を育てるのか。私たちは待ったなしの選択を迫られているんです。

日本を停滞させていた根源の課題は教育だった。でも落ち込むことはありません。レバレッジが利く「義務教育」を変え、「情報編集力」を鍛えることで、この閉塞状況を突破できる。

明治維新をやりとげ、敗戦から奇跡のようによみがえった日本人なら必ずできる、と私は信じています。

成熟社会を象徴する風景［1］
ケータイを利用した授業

藤原和博

「成熟社会」に対応した「情報編集力」を育てる授業の具体例を紹介します。

私は橋下大阪府知事の特別顧問をしています。大阪の柴島《くにじま》高校で［よのなか］科の授業を行いましたが、それはなかなか刺激的な内容になりました。あなたには、授業を受けている生徒のつもりになって、ロールプレイしてみることをおすすめします。

あなたに与えられた課題は「ある地域の地図上で、どこに、どんなハンバーガー店を出店すればもうかるか」です。その分析のために、今、流行っている店にはどんな特徴があるのか、グループで軽くブレスト（アイデア出し）をします。そして「もうかる店の要件」を発表しなければなりません。

あなたの手にはマイケータイが握られています。教師である私が設定したWebメールに、自分の考えを打って送信してください。するとたちどころに黒板横のスクリーンにみんなの意見が一覧であらわれます。一人一人のユニークな発想を全体で共有しながら授業をすすめられるわけです。

教師である私があなたの意見に目をとめました。そして、発言を促します。もしケータイからの発信なしに手を挙げさせて意見を求めたら、いつも決まった生徒しか発言しないでしょう。

ところがケータイを使うと、ふだんは答えない子どもまで、自分の意見を発信します。

このようにインタラクティブな授業が、私は未来の教室の日常になると考えています。

現在発売されている端末でいえば、ｉＰｈｏｎｅ／ｉＰａｄかＤＳｉの延長にあたるマシンが子どもたち一人に一台、モバイル端末として手渡されれば、こうした授業も可能になる。子どもたちは受け身の姿勢を捨て、積極的に問題に取り組み、他者とコミュニケーションしながら思考する訓練をすることが日常化します。

情報をたんに処理するだけでなく、自分自身で情報を編集し、発信（プレゼン）する機会が圧倒的に増えるからです。

「多様性（diversity）」を育てる教育の一端が、大阪でもう始まっているのです。

なぜ、校長は「管理」ではなく「マネジメント」しなければならないか？

校長が変われば、学校は必ず変わる

藤原和博

学校経営は「管理」ではなく「マネジメント」へ

日本は多様化、複雑化する「成熟社会」へと移り変わったのに、教育はあいかわらず五〇年前の「成長社会」を前提にしたやり方のままだということは既に指摘しました。ですから学校の授業も「情報処理力」に重きを置いたものから「情報編集力」を鍛えるものに変革していかなければなりません。

そのためには学校経営のシステムも変えなければならない。何しろ五〇年間、このシステムは変わって来なかったんですから。もし日本の教育システムを「会社組織」にたとえるなら、とっくのとうに「投資の失敗」「人事の失敗」がやり玉にあがっていたはずです。

たとえば教育関係者の中には「管理」と「マネジメント」の違いもわからない人たちがたくさんいます。変革のレバレッジがもっとも利く小中学校の学校経営を担うトップは校長ですが、全国三万校の小中学校の校長の中で、はたして「マネジメント」がわかっている人がどれくらいいるか。

たぶん「マネジメント」の「マ」の字もわからない人が、けっこうな数いて、平然と学校経営をしているつもりになっている。この人たちが変わらなければ、学校は変わりません。つまり教育は変わらない。日本は変わらない、というわけです。

ところで、みなさんは「管理」と「マネジメント」の違いがわかりますか？　この違いこそ、まさにずっと述べてきた「情報処理力」と「情報編集力」にもつながってきます。

ここでは、その話をしましょう。

「管理」とは書類を左から右へ、つつがなく流すような仕事のことです。早く、正確に、法規を遵守して「処理」するイメージですね。

これに対して「マネジメント」は、ひとことで言えば、もっとクリエイティブな仕事です。たとえ書類を左から右へ送るようなときでも、「マネジメント」にたけた人は、そのまま流したりはしません。

相手に時間がなければ自分なりの判断で要約したり、相手の理解を得るのが厳しそうなら、データや映像資料を加えてわかりやすくしたり。

たんに情報を処理するのが「管理」だとしたら、「マネジメント」は情報を目的に合わせて「編集」すること。要するにマネジメントは「編集長」のイメージなんですね。

昔の学校は知識という「米」を配給すればよかった

昔は校長も「編集長」ではなく、「管理」する人でよかったんです。まだ日本が発展途上国だったときは公教育も同じように発展途上でしたから、みんなが知識に飢えていました。お上は、知識を下々に分け与えていればよかった。

学校はちょうど配給制下の「米屋」のイメージです。「知識」という「米」を、「学校」という「米屋」からみんなに配る。学校長は「米屋の主人」の役割でしたから、ルールにしたがってつつがなく米を配るだけで事足りました。〝配給制義務教育〟の「管理人」です。

でも、今はどうでしょう？　知識は、学校や教師、あるいは会社勤めの父親が独占できるものではなくなっています。おもにテレビやインターネットが知識を一般に開放してしまったからですね。

昔なら、知識を独占していた人に「権威」が発生しました。でも、今は子どもたちの中でさえ、大人顔負けの〝豆博士〟や〝よろずオタク〟の知識人がいる時代です。NHKの『週刊こどもニュース』を見ている子に、下手な社会科の授業でもしようものなら、先生はバカにされてしまうでしょう。『ダーウィンが来た！』を毎週見ている子には、中途半端な生物の授業はあくびが出るほどつまらない。

だから、今は教師も「編集者」としての技を磨かなければならないんです。とりわけ校長は、その「編集者」たちをまとめる「編集長」の役割を果たさなければいけない。

ところが周囲を見渡してみると、どうでしょう？　「管理者」ではなく「編集長」の校長がどれだけいるか？　みなさんの周りに「編集長」はいますか？　旧態然とした「管理」をつづけている校長のほうが圧倒的に多いんじゃないでしょうか？

「管理型」校長と「マネジメント型」校長の違いは

学校経営における校長の指導力（リーダーシップ）も、「情報処理型」から「情報編集型」へシフトしていかなければなりません。従来の「管理」が「情報処理型」だとしたら、「マネジメント」は「情報編集型」です。校長に求められるのも「情報処理力」ではなく「情報編集力」という名の「マネジメント」なわけです。

では校長の業務で、「管理」と「マネジメント」では、いったいどれほどのパフォーマンス（業績）の違いが出るものでしょうか。三つのケースを取りあげてみましょう。

〈ケース1〉 教員が足りない。だから、児童生徒に十分なサポートができない。

［管理型校長の場合］ 教育委員会に増員申請をして、ただ指示を待ちます。先生方には、耐え忍んで、夜間の残業や土日の仕事をしてもらうようお願いし、たまに飲みに連れ出して機嫌を取ったりもします。

［マネジメント型校長の場合］ 先生たちの仕事をサポートしてもらえるボランティア組織を立ち上げ、地域社会の巻き込みを図ります。図書室の運用や部活のコーチ、校内の緑の手入れなど、入りやすいところから始めて、地域に埋もれた教育資源や人材を発見し、ネ

ットワークをつくります。土曜日の算数や漢字の補習にも、大学生やシニア世代の支援をあおぐと同時に、地域の塾の塾頭などにも頭を下げて協力を要請します。

〈ケース2〉　英語のコマ数が足りないから、十分な学習成果が上がらない。

［管理型校長の場合］　英語の先生に、限度一杯までの補習を頼みます。それでも、週三コマ（旧来の指導要領）では、現実的に文法の押さえも十分でないのですが、それ以上無理は言えないので放っておきます。

［マネジメント型校長の場合］　五〇分授業を四五分単位に改めて英数国の主要教科が三年間を通じて週四コマになるようにカリキュラムを組みます（和田中方式）。さらに、もっと英語を学びたい生徒に、土曜日特別コースを設け、塾の講師に依頼して三コマ積み増せるコースを作ります。ここで自信を持った生徒をミニ先生として、平日の授業で中下位の生徒のフォローをさせ、生徒同士の学びあいの風土を育てます（和田中方式）。ちなみに日本の義務教育は下の子のレベルに合わせ過ぎ。学力が下がるのはこれが原因です。

〈ケース3〉　数学ができない生徒のうち、半分以上が小学校の算数の履修不足。

［管理型校長の場合］　わかっていても、中学校ではどうしようもないので、親を呼んで、

家庭での小学校段階の学習フォローをお願いします（でも三割がたの親はそれどころでないから、効果はありません）。小学校の校長と意見交換しますが、小学校の先生から「一所懸命指導している」と言われると、なすすべもありません。

［マネジメント型校長の場合］　まずどの生徒が、どの段階でつまずいているのかを調査します（多くの場合、小学校三〜四年の算数。繰り下がりのある三桁の引き算、分数の最小公倍数、最大公約数、分数と小数のような抽象概念の基礎ができていません）。それを解決するために、土曜日に算数の補習コースを作って、近隣の塾頭をヘッドに大学生をサポート役に付けて、ＤＳのゲーム型学習ソフトで補習します。とにかく中学校でマスターしておかないと高校でのフォローはありません。入学希望の小学校六年生を二〜三月の土曜日に呼び出して履修度テストを行い、必要に応じてプリントやＤＳで補習を行います。これは学力の下限を押し上げるねらいがあります（和田中方式）。

管理職をめざす教員は「学校経営大学院」での履修を

学校の役割は、子どもたちの「分からないことを分かるように」「できないことをできるように」してあげることでしょう。

先生の仕事は、そのための「良い習慣付け」です。旧来型の管理型校長だと、すぐに教育基本法などを引き合いに出して「総合的な人格」うんぬんの育成を語ります。でも、眼の前に「分からない子」がいるんですよ。現実的に「分からないことを分かるように」「できないことをできるように」処方してやれない校長に、子どもの人格や人権を語る資格はありません。

多くの校長には、この基本的な責任感が、驚くほど、ない。

では、どのように新しいタイプの「マネジメント型校長（マネジャー）」を増やしていけばいいんでしょうか？

ビジネスの世界では、国際的には、MBA（Master of Business Analysis ＝経営学修士）取得が当たり前になってきています。日本でも、海外のビジネススクールだけではなく、グロービスなどの民間会社が、ハーバード・メソッドでのMBA取得コースを設けています。みなさんの中にもご存じの方がいらっしゃるでしょう。

私は、学校のようなノン・プロフィット組織においても、経営大学院を設けて、「マネジメント」を学ぶべきだと思っています。諸外国では教員の質的レベルを高めるため、教員養成を修士レベルで行っているところもある。

二〇一〇年から始まった中央教育審議会・「教員の質の向上」特別部会の経過報告書に、

教員養成の修士レベル化をはかるため、「専門免許状（仮称）」をあらたにもうけ、その中には学校経営（マネジメント）の区分をもうけるという提言が行われています。

たとえば管理職を目指す教員には、ＭＳＢＡ（Master of School Business Analysis）取得を義務づける。実際の例をケースメソッドでディスカッションしながら学ぶコースが必要なのではないでしょうか。

教員にはマネジメントか専門職かを選択させる

また中央教育審議会の特別部会では、次のような案も検討されています。

教員は一〇年研修を経て、三〇代で「マネジメント・コース（管理職改め）」を選ぶのか「マスターティーチャー・コース」を選ぶのか、決断するようにすればいい。

後者の場合でも、一年間の「デジタル教材活用とワークショップ型授業指導者養成カリキュラム」を履修しなければならない、とします。教材のデジタル化の必要性については、また別に述べることにします。

私は二年間で両コースを受けてもいいのではないかと思います。

「マネジメント・コース」で学ぶべき要件は、拙著『校長先生になろう！』（ちくま文庫）

に詳しいのですが、次のような項目を含むことになるでしょう。

・なぜ、学校は（教員の努力にかかわらず）機能低下せざるを得ないのか
・なぜ、管理ではなく、マネジメントが必要なのか。その違いは何か
・何を、どうマネジメントすれば良いのか～人、もの、カネ、情報、時間のマネジメント
・成熟社会の特徴とは？　どのように教育カリキュラムと指導法を変化させるか
・具体的なリーダーシップの発揮方法～徹底的にケースメソッドで学ぶ

ＭＳＢＡ取得のための「マネジメント・コース」には、ビジネス界から教育界のマネジメントに参戦しようとする、いわゆる「民間校長」候補も、当然いていいですね。大学の教員や、行政職からの参戦もあっていい。

できるだけ受講者をハイブリッドにしたほうが、ケースメソッドを使ったワークショップ型学習では、学びが深まるからです。

ただし小学校については、低学年では保育の要素が強いので、担任を何年も経験したことがある教員出身の校長が適していると、私も思います。

なぜなら、小学校では校長が病欠した担任のかわりに授業を受け持つことがあるからです。とくに都市部の小学校では一校当たりの教員も少なくなってきているので、算数や国語を教えられる教員免許を持った校長が補強に入ることがある。民間人校長の出る幕は少

ないでしょう。
逆に、中学校については、民間人校長が活躍できる場がたくさんあります。中学の授業は教科別なので、「編集長」としての役割が大であることや、部活の活性化が必須であること、さらに地域社会との「ナナメの関係」が生徒の成長に欠かせないことなどがその理由です。「学校を核にした地域単位の学習コミュニティの再生」というミッションを負った民間人マネジャー（半分、村長のような役割）の参戦が望まれるのです。

学校経営の重要性には、もう保護者たちも気がついています。『もし高校野球の女子マネージャーがドラッカーの『マネジメント』を読んだら』（岩崎夏海著／ダイヤモンド社）が二〇〇万部を超えるベストセラーになっているのをご存じでしょう。

学校経営にもマネジメントが必要。こんな当たり前のことに、どうして私たちは今まで気づかなかったんでしょう。中央教育審議会の答申が出れば、国もようやく重い腰をあげるでしょう。でも、もっと早く、スピードアップして、日本の教育を変えていかなければ、と思います。「子どもたちの未来は待ってはくれない」からです。

成熟社会を象徴する風景［2］

オリジナル腕時計開発物語

藤原和博

これは私自身の物語です。

私は中学生のとき買ってもらったセイコーの腕時計を四〇年間も使い続けていました。ところが、和田中学の校長として最後の年となった二〇〇八年、ついにその時計が動かなくなった。

そこで自分自身も和田中学を卒業する年でもあるから、記念に腕時計でも買おうかと考えました。しかし時計屋にも、雑誌にも、ネットにも、私の欲しいデザインのものがありません。「ないなら、つくってしまえ！」ということで、時計をつくることにしました。

ＯＥＭ（相手先ブランドによる生産）でソニーや早稲田大学の周年記念の時計をつくっている工房を探し当て、私が欲しい腕時計のコンセプトを伝えました。そして専門のデザイナーもつけてもらいました。

Column

文字盤には長野五輪の金メダルを彩った漆職人が漆塗りをほどこしたので、商品名は小文字の「ｊａｐａｎ」（漆を意味します）に。ムーブメントはオリエント時計からファクトリーアウトレットの形で提供を受け、ケースは金型から起こしました。ベルトはエルメスと同じ牛革をつかった北海道の馬具メーカー「ソメスサドル」のオリジナルです。

私がたった一人で企画した製品ですが、ネットワークを駆使してたった一年でつくりあげてしまいました。時計会社だったら五年はかかるというレベルの商品開発です。この製品をネットで売ってみると、なんと一カ月で完売してしまったのです。ブランド・メーカーから出せば五〇～二〇〇万円はするクオリティのものを二〇万円前後で売り出せたからでしょう。れっきとした工業生産品。

ネットは個人を新聞社や放送局にするだけではなく、工場を持たない個人マニュファクチャラーにもしてしまうことを証明しました。すべての嗜好品的な耐久消費財はやがて個別生産に向かうのかもしれません。ケータイも、メガネも靴も鞄も。ひょっとしてクルマも。

勘のいい人にはわかると思いますが、この腕時計開発のコンセプトは、星野リゾートが標榜する「ワン・ト

「ｊａｐａｎ」よのなかnetより

ゥ・ワン・マーケティング」（一人のお客様に、世の中でたった一つの幸福をもたらすサービスを／藤原の意訳）に通じているのです。

まさに「成熟社会」、ネットワーク時代の象徴ともいえるこの腕時計は、今、私の腕にあります。

4 なぜ、学校の中に「地域」をつくる必要があるのか？

学校を核に「ナナメの関係」で地域社会を再生する

藤原和博

「国」と「国民」をつなぐ「中間集団」が「地域本部」

「成熟社会」というのは、多様で複雑で変化が激しい社会です。「みんな一緒」がそれまでの「成長社会」だとしたら、「それぞれ一人一人」になるのが「成熟社会」。

ですから何かの改革を「国」から「国民」にやっていこうとすると、一気呵成で行うのはとても難しいんです。やれ「アカウンタビリティだ」「説明責任だ」と、ただでさえうるさい上に、様々なバイアスがかかり、マスコミによる雑音も入ってしまう。

また国民のほうからも、「成熟社会」は個々の声が尊重されるので、過度な期待が押し寄せてしまいます。たとえば、学校の場合でも保護者から「先生を増やせ」「少人数クラスにしろ」「エアコンを利かせ」などなど、多種多様な要望が寄せられて、なかなかコミュニケーションがとりにくい。

だから、なんらかの「中間集団」が必要なんです。「国」と「国民」の間に立ってコミュニケーションを円滑にするための集団。言ってみれば、「翻訳機能」と「緩衝材」の二つの機能を持ってもらう集団です。これが「新しい公共」というものの本質ですね。私はこの「中間集団」を「地域本部」と名付けています。

同時に、その「中間集団」、つまり「地域本部」は、「自分である程度は責任をとる市民」育成の役割も担うことになります。とくに教育や介護を中心とした医療、住宅と街づくりの問題など、地域社会特有の問題については、そこに住む「市民」が主体的に関わっていかなければならない。

ここで言う「市民」とは、「なんでも反対！」の左翼的な意味ではありません。「自分である程度は責任をとる市民」です。そうした「市民」になり得るぴったりの人たちがいます。団塊の世代の元気なシニアたちです。

彼らが第二の人生をスタートするにあたって、住んでいる地域だったり、故郷に帰ってだったりして、地域社会でのボランティア活動を担う可能性がある。

これからの五年間で、配偶者も含めれば、およそ一〇〇〇万人が産業界から卒業していくわけです。一〇〇〇万人ですよ！　彼らが、お金を稼ぐためではなく、生きがいのための仕事を始めるわけですから。この人たちを利用しない手はありません。

だから、大人の教育のためでもあるんですね、「地域本部」が必要なのは。

団塊世代を「地域本部」の中心にすえよう

団塊世代の方々（とくにリタイヤした男性陣）が、地域社会でどのようにふるまうかによって、学校教育も大きく変わる。みなさんはそのことに気づいているでしょうか？

住宅ローンも終わり、自分の子育ても卒業している余裕のある世帯の元ビジネスパーソンは、知識・技術・経験が豊富です。中には海外で暮らした経験がある人もいて、外国語が堪能だったり、幅広いネットワークをお持ちの方もいる。

豊富なリソースを持った教育資源ですから、味方に付ければ先生たちもたいへん助かります。

実際、和田中の場合、現・地域本部長の衛藤さんは、五七歳で伊藤忠を退職した元サラリーマン。一〇年以上の海外赴任経験があり、テニス部のサブコーチもしています。

また、高知県南国市の稲生小学校の学校支援地域本部をリードする前田市議は、リタイヤ組ではありませんが、元ＩＢＭ出身です。和田中の「地域本部」を立ち上げた初代事務局長の伊藤さんは、元ＰＴＡ会長で、やはりＩＢＭのシニアＳＥ出身の女性でした。

彼らが味方につけば、こんなに心強いことはない。反対に、経験豊かな団塊世代の人たちが、学校と戦う立場に回ったら、どうなると思いますか？

たとえば、幼稚園や保育園、小学校に通う孫たち（すなわち団塊ジュニアの息子や娘たち）のために、続々と学校と戦う側に立ったら？　おそらく教員出身の校長の多くが対応不能に陥るでしょう。

実際、その可能性もあるんです。団塊世代の男性たちは、わが子のときには仕事が忙しくて何もしてあげられなかったから、孫のためには一所懸命になる方々が多い。その証拠に、入学式でも、運動会でも、学芸会でも、席が足らなくなるほど元気なシニア世代が集まります。

この方々を敵にしちゃったら、怖いですよ。

なぜなら、彼らは全共闘世代であり、もともと体制側と戦う意欲満々の方たちです。火炎瓶を投げて戦った闘士もおられます（笑）。なにより、マスコミや弁護士にも知己がいるでしょうから、右手に弁護士の友人、左手にマスコミの友人を引き連れて攻撃されようものなら、学校も先生も、ひとたまりもありません。

だから、どうしても、味方についていただく必要があるんです。

ひとたび、味方にひきいれれば、こんなに強い仲間はありません。実際、「地域本部」に関わるシニア世代は、みな、ご自身の生きがいになっていると話してくれます。彼らは一所懸命がんばってくれるでしょう。

ご近所や大家族に代わる「ナナメ」の関係

もうおわかりですね。学校を支援する「地域本部」に中間集団的な役割を持たせることは、欧米社会における「教会を中心とするコミュニティ」の役割と同じなんです。

アメリカでもヨーロッパでも、宗教界が、産業界によって分断された個人同士を地元で結びつける機能を果たしている。

政府や官僚が「新しい公共」と呼んできたものの正体は、これだと思います。成熟社会には、どうしても必要になる「中間集団」づくり。

自ら、教育、介護、街づくり……そして、その延長には、児童虐待の防止や独居老人の安否確認を含めた地域社会の諸問題のソリューションを担う市民集団づくりです。「地域本部」を全国に設置する本当の狙いは、この芽を作ることにある。

私がずっと実践してきた［よのなか］科のねらいも、実はその「地域本部」に動員できる人たちを組織化するためなんです。

たとえば「活きのいい学生」や「活きのいい団塊世代のオジさん、オバさん」、そして圧倒的に豊富な経験をしてきた「ジモッチーのジイちゃん、バアちゃん」、さらに教員とは別の社会経験をしてきた塾の講師や塾頭、ゲストティーチャーになり得る起業家や医師、弁護士など。地元にはなんと豊かな教育資源があることか！

彼らを総動員して組織化するのが［よのなか］科のねらいでもあったわけです。

そしてこの「地域本部」の人たちこそが、教師と生徒や親子という「縦の関係」、あるいは同年齢のクラスメートという「横の関係」しかなかった教育の現場に、「ナナメの関係」をもたらすことになる。

昔の大家族や地域が担っていた「ナナメの関係」――たとえば親戚のおじちゃんや年が離れた従兄弟、近所のこわいオヤジやおせっかいなオバちゃんなど、「ナナメの関係」が子どもたちを育ててくれましたよね。

子どもはいろいろな大人にもまれて育つから、まともに成長するんです。家だって、縦と横の「柱」や「はり」しかないと、地震に弱い家になっちゃうでしょ。ナナメに「筋交い」を入れるから、強い家ができる。

人間関係だって同じ。「縦の関係」や「横の関係」だけしかないと、ギスギスしてしまうけれど、その緩衝材として、「ナナメ」の関係があれば、ちょっとのことでは倒れない。

昔は、ご近所や大家族が担っていた、その「ナナメ」の関係を、学校を中心に再生しようというのが「よのなか科」であり、そこから派生した「地域本部」の組織化というわけです。

学校を核にした地域社会の再生を！

いずれにせよ、日本はこれから高齢化が進むわけだし、一方では学校教育の変革も待ったなしで迫られている。だからこそ、生涯学習と学校教育の融合が図られなければならないでしょう。「地域本部」の創成こそが新しい時代の「公共事業」だと、私は国会でも証言してきました。

はからずも、名古屋の名物市長、河村さんは地方行政を地元におろそうとしている。そして、彼曰く、役に立たない「市議会議員」の代わりに自薦他薦で「地域委員会」をつくって予算と権限を委譲し、同じ意味のことをやろうとしています。

民主党が掲げる「コンクリートから人へ」のスローガンも、根幹は「新しい公共」＝「中間集団」づくりに投資せよ、という意味ではなかったのでしょうか？

新しい「公共工事」として、です。

それは、「かならずしも住所が同じという意味ではないコミュニティ」のことであり、「地域本部」や「地域委員会」のこと。そうであれば、「学校を核にした地域社会の再生」という意思が根幹になければ必ず失敗します。

なぜなら、国が今日のように国民の前に（マスコミを挟んで）むき出しに対峙している構造だと、行政機関に対する「要望」と「欲望」、その裏腹の「クレーム」と「失望」が無制限に広がるからです。

これでは、行政がまともに機能するはずがありません。だから、教員出身の校長では無理があるんです（一部、この事実に目覚めた突然変異組を除いて）。

欧米で教会の牧師（司祭）がやっている中間集団《コミュニティ》の組織化を、教員のヘッドに兼務させられますか？

いったい、何人の校長が、私がやっていたように、入学式で「テレビを二時間以上つけっぱなしで見せているご家庭のお子さんの学力は保障しません」と断言できるでしょうか？

これがはっきり言えない校長では、前に掲げた「成熟社会」特有の理由から、ドンドン、クレーム族に追い込まれてしまいます。

地域社会を「つなげる」ことに責任を取ろうとする意思がいるんですね。

責任を取りたくないから、校長室に閉じこもっている事務屋の校長や、生活指導しか分からない校長では厳しい。責任を逃れるために、なんでも隠蔽してしまうような体質の中で育った教員には、「成熟社会」における学校マネジメントは無理です。

だから、再三、私が繰り返しているように、校長になるには、校長になるためのビジネススクールで、マネジメントを学んでもらう必要がある。

「和田中メソッド」を取り入れた池田中で起きたこと

ちなみに、大阪で「和田中メソッド」をごっそり真似した池田市立池田中学校では、素晴らしい成果が上がっています。

「地域本部」や「土曜寺子屋（ドテラ）」や「英語アドベンチャーコース」だけでなく、二〇一〇年の秋からは、五〇分授業を四五分単位にしてコマ数を増やし、英数国を週四コマとする和田中方式の学力向上にも取り組みはじめました。

ここでは、当初、ドテラを開くことに抵抗があり、いやいや始めてみたようなのですが、すぐに先生方の評価が変わりました。

「地域本部」（池田中ではMy Town Project の略でＭＴＰと呼びます）の運営を始めてから、一週間に七～八件はあったクレームがゼロになったというんです。手間がかかって嫌だなあと思っていたら、逆に、保護者と地域社会からのクレーム対応の手間が激減したと。

その効果もあって、なんと、当初「ドテラ」への疑問を隠さなかった理科の研究主任が、そのまま、この学校の教頭に昇進して、さらなる学校改革を進めています。「教頭や校長になるのは大変すぎるからやらない」と言っていた生粋の教員が、ですよ。

こういう突然変異というか、「脱皮」はおおいに歓迎したいですね。全国で、学校リーダー格の教員を、このような「脱皮」現象に感染させ、蔓延させなければいけない。

ダメ校長に鍛えられて人格まで変わっちゃった現教頭からではなく、子どものためにひたすら頑張っている教員（たぶん、研究主幹か教務主任？）の中から、サナギから蝶に脱皮する先生がたくさん現れてくれることに期待したいと思います。

それなら、「学校を核にした地域社会の再生」を託してもいいですね。

「よのなか」科を仕掛けに人材を集める

この「中間集団」づくりには、「慣れ」を構造化することが大事になってきます。**教育というのは「習慣化すること」ですから。**

「分からないことを分かるように」「できないことをできるように」、そのための「良い習慣」をつくってあげること。それが、学校という装置の役割。

子どもたちだけでなく、ボランティアする大人たちにも、このことは当てはまります。そのためには、すべての中学校区が**「学習を習慣化したコミュニティ」**に変貌しなければならない。

いっときのイベントで、お年寄りが参加しても、習慣にはならないでしょう？

和田中「ドテラ」や「夜スペ」で働いてくれているボランティアの大半は、「よのなか」科という仕掛けをかけて、釣れた方々なんです（笑）。

みなさんは和田が必ずしも地元ではありません。和田中のOB、OGでもないし、PTAのOB、OGでない人も多い。だから、最初、彼らは協力したいけれど、何をやっていいか分からない。こっちもいちいち指示をしないから、みんな壁のシミ状態でした。こうした団塊世代以上のボランティアをどう巻き込むか、なんです。

それには、遠回りのようで一番効率がいいのが、［よのなか］科のような公開授業を地域社会の大人と小中学生が一緒にやること。

つまり、**大人の生涯学習と、子どもたちの学校教育を融合することなんです。週に1回でもいいから、地域社会の大人たちと子どもたちが「ともに学べる」授業を習慣としてくり返すこと。**

テーマは、正解が一つではない課題を、ともにブレストしたり、ディベートしたり、ロールプレイして、ワークショップのようなカタチで学べばいい。

正解はないんだから、先生がすべてを知っている必要はないし、最後に結論を言う必要もないんです。

たとえば、「ハンバーガー店をどこに出店すればもうかる店になるか?」を討議してプレゼンしたり、「自転車放置問題はどうすれば解決するのか?」をブレストしてゲストティーチャーとして呼んだ議員に提案したり。

あるいは裁判員の疑似体験のつもりで「殺人を犯した少年をどう裁くのか?」、検察官をロールプレイしたり、弁護士になって少年を弁護してみたり、ゲストとして招いた弁護士の前でディベートをやってみます。

「子どもに一人部屋（個室）は必要か?」や「親だったら、自分の子のクローンをつくることを是とするかどうか」、さらには「赤ちゃんポストは必要か」や「自殺や安楽死の是非」をディベートするなど……テーマはいっぱいあります。

東京書籍が、ついに教師用の指導書『[よのなか]科によるネットワーク型授業の実践』を出版しました。なお、ワークシートはホームページ「藤原和博のよのなかｎｅｔ」の「[よのなか]科をマスターしたい！」ボタンよりＩＤ・パスワード無しに無料でダウンロードできるほか、ビデオも見られるようになっています。興味がある方はぜひ。

大人も参加するミニディベートで複眼思考を養う

このほかに、和田中ではさまざまな問いかけに対して二〇〇字の意見文を書くことを義務づけています。これらはすべて、大人を交えたミニディベートのテーマにもなる素材になっています。

たとえば「中学生に携帯電話は必要ではない」「中学校に制服は必要ない」「電車やバスに優先席は必要ない」「親しくなった先輩には敬語を使う必要はない」「ボランティアは自分のためにするものだ」「失敗や挫折はすぐに忘れた方がよい」「中学生はもう大人である」……。

それぞれにまず賛成か反対かを表明し、班ごとに各自その理由を述べさせる。そして、クラス全体で大人も交えたディベートに発展させればいい。教師はファシリテータに徹すればいいんです（光村図書出版『藤原流　２００字意見文トレーニング』藤原和博編著より）。

こうした訓練を積めば、日本の子どもたちも、上手に疑い、「複眼思考（クリティカル・シンキング）」で考える技術が身につくでしょう。授業に参加した大人も、思考停止状態の呪縛が解かれること請け合いです（笑）。

なお、「地域本部」の必要性は都市部で高く、地域社会が色濃く残る山間部や漁村では低いでしょう。

後者では、都市型の「地域本部」による活性化より、「ホールアース自然学校」（一九八二年設立の、自然体験型の環境教育を推進してきた自然学校のパイオニア）のような地域社会振興のほうが適しているかもしれません。

記録映画『〇三〜〇七年度 和田中の1000日』公立中学校に風穴をあけたあの藤原和博改革が甦る!!

出演：〇三〜〇七年度　東京都杉並区立和田中学校関係者の皆さん
協力：和田中地域本部　全国よのなか科ネットワーク　監修：藤原和博
監督：西条美智枝　プロデュース：小泉修吉　製作：グループ現代

二〇〇三年の春、生徒数が減少し統廃合の対象になりそうな杉並区立和田中学校に東京都初の民間人中学校長藤原和博さんが着任しました。この映画はその在任中の五年間の記録です。

『和田中の1000日』は、三部構成でそれぞれ一二〇分になります。

第一部は、学校に地域の大人の力を投入した教育プログラム［よのなか］科や地域本部主催の土曜寺子屋等、学びを通して地域の大人と中学生とを出会わせる改革の意味を問う作品です。第二部は、和田中改革の全貌。第三部は、藤原流改革の全国展開、教育界の変革へつなげていく様子を紹介しています。

〈第一部の内容〉文部科学省でも試写会が開かれました。

1　**車の解体**／二年生が校長にやりたいと直訴。企画書を作って来るよう様式を指導すると、きちんと作ってきたので即行動に移す。商店街に住む自動車修理工の田所さんが廃車になったクルマまで手配してくれた。エンジンを持ち上げるのに庭師が使うクレーンがいるということで、近くの庭師にお願いに。なぜ三人の参加者のためにそこまでやるのか？と問うと、藤原校長は、全校生徒一人一人を贔屓する方針だから、と答えた。

2　**［よのなか］科ジュニア**／一年生に「コミュニケーション」とは何か？を教える授業。体感させるワークショップが中心に。相手を意識させること。良い例、悪い例をはっきり見せ、自分たちでロールプレイさせる手法。アイコンタクトの方法は朝礼でも何度も練習した。

3　**評議委員会**／最初に地域の重鎮（三つの町会長、商店会長、区議会議員）に「評論家ではダメ！　参戦してほしい」ということを納得してもらった。ときに激しいやり取りも。芝生の導入のプレゼンが見もの。のちに芝生の庭も地域社会にとって出島になった。

4　**週五日制の是非**／体育館に五〇〇人近い聴衆を集めて［よのなか］科特別授業「土曜日は復活すべきか？」を討論。［よのなか］科の授業を半年受け続けた生徒を登場させ、

Column

他流試合を試みた。大勢の大人の前で発言できるか、危険な賭けでもあったのだが……。

5　**図書室改造計画**／図書委員の生徒を集めたミーティングで監修者の赤木かん子さんは終始一貫して生徒を子ども扱いせず、図書室改造の同士として交流した。様々な大人モデルが「ナナメの関係」を作ることの効果を如実に物語る場面である。学校の先生たちは、どうしても普段の様子を観過ぎているから、子ども扱いしてしまいがちだが、ここでは見事にリスペクトし合う関係が生まれている。

6　**ニンテンドーDSと平井コース**／中学校で数学の不得意な生徒の半数以上が小学校の算数の履修が完全でない子である。とくに分数（最大公約数、最小公倍数）でつまずいた生徒がいる。軽度発達障害の子も含め、一、二年生二〇人を土曜日に集め、平井先生（塾頭）にお願いしてニンテンドーDSを使った半年間の補習を実施した。これは、前年から取り組んだ「ドテラ・ジュニア」（和田中に入学予定の小学校六年生を二、三月のドテラの午後に呼び、入学前にDSで算数の底上げをする、現在も継続中）の発展系。今では隣の和田小学校で正規の授業（モジュールの時間）にDSが使われ、学力向上の強力な武器になっている。しかも、先生の指示なく児童が自主的にやるほどに定着したという。

7　**聴覚に障害のある大橋さん**／耳の聴こえないゲストに刺激されて、難聴の生徒がミュージカルのオーディションに。厳しい練習に耐えられるのか？　晴れの舞台の様子も紹介する。

8 **自殺抑止ロープレ**／［よのなか］科名物「自殺抑止ロールプレイ」で初対面の大人の参加者と難聴の生徒とのやり取り。

9 **奥山さんとのいのちの授業**（［よのなか］科の「人生の時間感覚について」）／余命を宣告された肺ガン患者を迎えた［よのなか］科の授業。人生は長いか短いか……。奥山さんは、この授業に三回登場していただき、二年後に永眠された。

10 **自殺の是非**／［よのなか］科の定番ディベート。たいていの先生方は小学生や中学生に自殺の是非など難しいテーマの議論はできない、と思っている。発達段階という言葉を使って「眠っている子を起こすようなもの」だと。はたして、そうか?

藤原はいつも、「眠っているのは、あなたのような先生だけじゃあないですか? 子どもたちには、テレビから、漫画から、ネットから、なんぼでも情報が入ってくるんですよ」と注意を喚起している。

学校でこうした「大事なこと」がタブー視されている場合、子どもたちは、自分がにっちもさっちもいかない状態になっても、相談できなくなってしまう。コミュニケーションが閉ざされてしまうからだ、と藤原は言う。オープンに議論するしかないのである。

第3章

なぜ勝ち目がないかもしれない戦《いくさ》に先陣を切れるのか？

子どものころのこと

藤原が初対面の相手とインタビューやミーティングを行うとき、必ず問いかける質問がある。「あなたの来し方と行く末を15分以上かけていいから、物語ってみてください」。そして資料に掲げたのは、藤原が相手に対して「これくらいのことは聞き出す」というメモである。実際、藤原は短時間に、星野から、このメモのほとんどの項目を聞き出してしまった。
これは星野が実践する「ワン・トゥ・ワン・マーケティング」（一人一人の顧客と面と向かえる個別サービスをめざす）の基本と同じである。相手の好きな食べ物や子ども時代のエピソードなど、こうした「相手の文化的背景」を理解することは「相手の世界観」を理解することにつながり、その結果、相手の発言や行動の真意がよくわかるようになる。藤原と星野。不可能を可能にした2人に共通するものは、いったい何なのだろう?

星野キャラ

血液型　O型
生年月日　1960年4月29日(牡牛座)
出身地　長野県軽井沢町
育った地域(学校など)　軽井沢の公立小学校から受験して慶應へ、コーネル大学ホテル経営大学院修士
兄弟姉妹　長男
親の仕事　星野温泉社長
スポーツ(部活、趣味) 小学:スケート／中学:アイスホッケー／高校:アイスホッケー／今:スキー
文化(音楽、芸術)　ヴァイオリンを習ったが、好きになれず
バンド
会社歴　日本航空開発(現JAL ホテルズ)　星野温泉　シティバンク
外国歴(住んでいた国) アメリカ
共通の友人
大学のゼミ、サークル
好きなチーム、選手
好きな食べ物　トンカツ
嫌いな食べ物、苦手　なし
子どもの構成　小学生の長男
育て方、悩み　夏休み、ニュージーランドに2人でスキーに
クルマ
ファッション(服、靴、鞄、時計、ネクタイなど)　基本的にアウトドアルック
株、不動産
読書　『星野リゾートの教科書』に数十冊載っている
映画
犬猫ペット
病気
宗教
土地勘のある場所
文房具、PC、ケータイ　マッキントッシュ、ツイッター駆使している
仕事の流儀、何のプロか?　ホテル・旅館・リゾートの運営
何を動かそうとしているか(どういう貢献をするつもりか)　日本の観光をやばくする
誰をどう動機づけているか　再生する個別のホテル・旅館の従業員を切らない
お金の感覚
時間の感覚
情報の扱い(リズムとテンポ、もしくはスピード感)
人間関係の扱い
サプライズを与えるセンス
パートナー(奥様を含む)のセンス
どこから来て、どこへ行こうとする人なのか　社長として20年、リゾナーレで勝負して10年

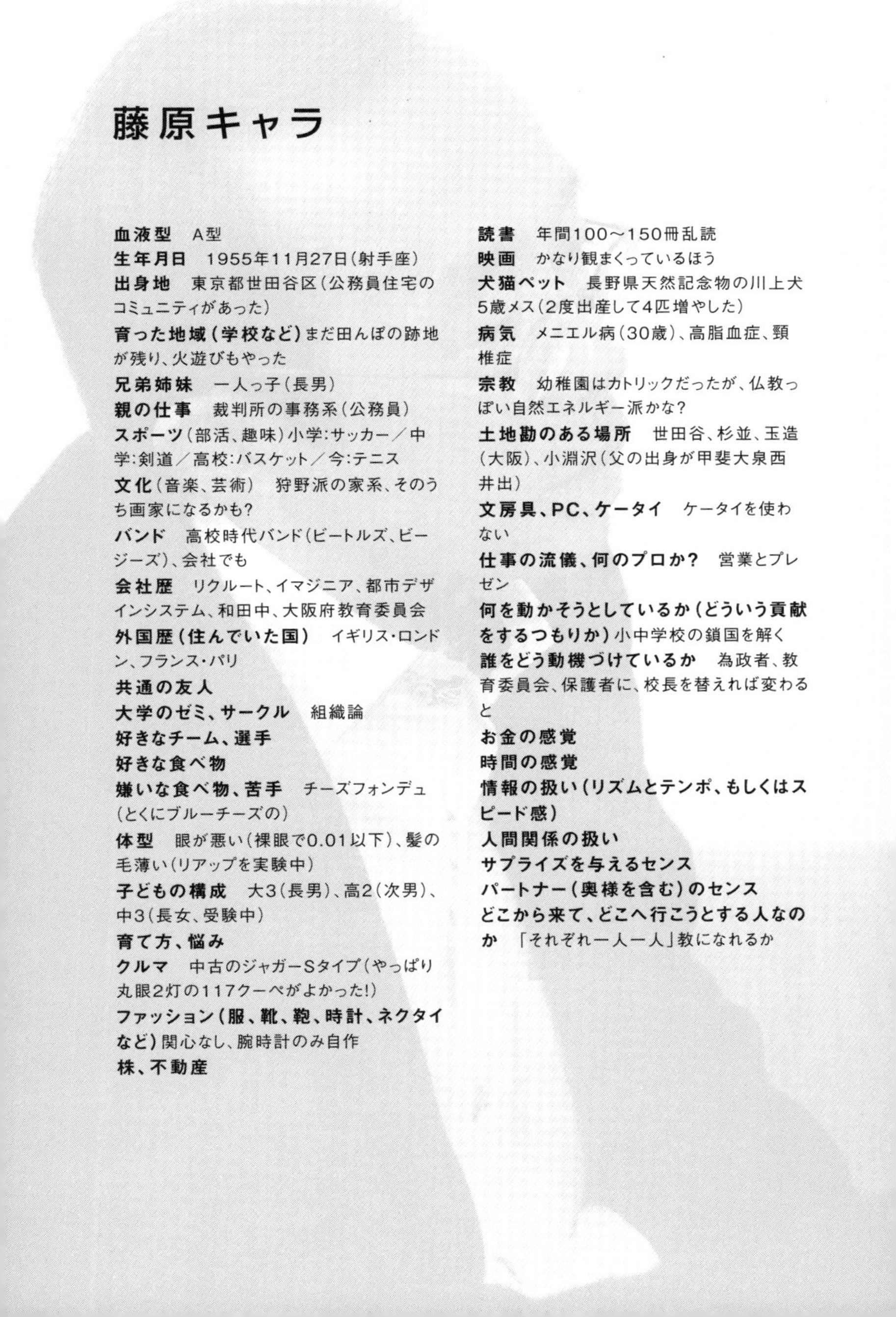

藤原キャラ

血液型　A型
生年月日　1955年11月27日（射手座）
出身地　東京都世田谷区（公務員住宅のコミュニティがあった）
育った地域（学校など） まだ田んぼの跡地が残り、火遊びもやった
兄弟姉妹　一人っ子（長男）
親の仕事　裁判所の事務系（公務員）
スポーツ（部活、趣味）小学：サッカー／中学：剣道／高校：バスケット／今：テニス
文化（音楽、芸術）　狩野派の家系、そのうち画家になるかも？
バンド　高校時代バンド（ビートルズ、ビージーズ）、会社でも
会社歴　リクルート、イマジニア、都市デザインシステム、和田中、大阪府教育委員会
外国歴（住んでいた国）　イギリス・ロンドン、フランス・パリ
共通の友人
大学のゼミ、サークル　組織論
好きなチーム、選手
好きな食べ物
嫌いな食べ物、苦手　チーズフォンデュ（とくにブルーチーズの）
体型　眼が悪い（裸眼で0.01以下）、髪の毛薄い（リアップを実験中）
子どもの構成　大3（長男）、高2（次男）、中3（長女、受験中）
育て方、悩み
クルマ　中古のジャガーSタイプ（やっぱり丸眼2灯の117クーペがよかった！）
ファッション（服、靴、鞄、時計、ネクタイなど） 関心なし、腕時計のみ自作
株、不動産
読書　年間100～150冊乱読
映画　かなり観まくっているほう
犬猫ペット　長野県天然記念物の川上犬5歳メス（2度出産して4匹増やした）
病気　メニエル病（30歳）、高脂血症、頸椎症
宗教　幼稚園はカトリックだったが、仏教っぽい自然エネルギー派かな？
土地勘のある場所　世田谷、杉並、玉造（大阪）、小淵沢（父の出身が甲斐大泉西井出）
文房具、PC、ケータイ　ケータイを使わない
仕事の流儀、何のプロか？　営業とプレゼン
何を動かそうとしているか（どういう貢献をするつもりか） 小中学校の鎖国を解く
誰をどう動機づけているか　為政者、教育委員会、保護者に、校長を替えれば変わると
お金の感覚
時間の感覚
情報の扱い（リズムとテンポ、もしくはスピード感）
人間関係の扱い
サプライズを与えるセンス
パートナー（奥様を含む）のセンス
どこから来て、どこへ行こうとする人なのか　「それぞれ一人一人」教になれるか

［対談］

不可能を可能にする藤原と星野のキャラをさぐる

ともに昭和三〇年代生まれの二人に共通するものは

藤原和博×星野佳路

無謀さが生まれるルーツは愛されて育つこと

藤原　星野さんは長男ですね。ずっと後継ぎとして育てられたわけですよね。小さいころからバイオリンを習ったり、塾に行かされたりというお話も聞きました。小学校のときはスピードスケートの選手だったそうですが、それも帝王学の一貫として？

星野　もともと運動は好きでやってきました。

藤原　そうですか。オーナーを継ぐ者としての教育に対して、反発はなかった？　中学や高校のころにグレるとか。

星野　全然グレなかったんです。というか、僕はずっと運動をやっていたので、あまり将来のことを考えずに育ったんです。僕が反発したのは、むしろ家業の会社に入って、やめて飛び出すときです。実は一九八九年に一度役員で入ったんですが、なんと半年でクビになる。同族経営に対する強い反発があって。だから当時の会社の人や星野一族から見ると、あのときの僕が一番グレていたのかもしれない（笑）。

藤原　何歳のときになりますかね。

星野　二九のときです。

藤原　そこで反抗期が。よかったですね（笑）。そうじゃなきゃ、これから出ちゃうから。いつか出るんですよね、反抗期って。本当は一四歳ぐらいまでにやっておいたほうがいいんだけど。

星野　僕は二九歳で反抗期が来て、そのあと二年間ぐらい、放浪していました。仕事がなかったので、シティバンクで働いたり。それで三一歳のとき、また会社に戻ってくるんです。本格的に経営をやり始めたのはそのときからです。クーデターだなんて言われましたけど。自分としては、常に企業の持続性と競争力のためにやるべきことをやってきただけだと思っています。

藤原　これは想像なんだけど、年商三〇億の会社が三〇億借り入れて「リゾナーレ」を買い取るとか、まったく新しいことをやるわけじゃないですか。軽井沢という自分の土俵から出ちゃって、地の利がない土地に行って。だってそこで生まれたわけでもないし、育ったわけでもない。カミさんの実家でもないでしょう？

星野　ええ、なんの関係もないです。

藤原　だからそこで勝負をする勇気というか、無謀さとかね。それが今、時代が失っているものなんですよ。勇気と言うとカッコいいんだけど、そうじゃない。無謀さ。それがある人とない人と、どう違うのか。僕はいつも思うんですが、母親に愛されたかどうかということ。それが正しいかどうかわからないんだけど、愛されていない人だと、どこかで踏み外しちゃうんですよ。けっこう、オーナー経営者にも多いんだな、このパターンが。どこかで外して、尊敬《リスペクト》されなくなっちゃう。

星野　それは共通するんですか？

藤原　そう思います。星野さん自身はどうですか？　自分の子ども時代はどんな？　もう無条件に愛されて育ったぞ、みたいな感じですか？

祖父母と行ったアフリカ旅行の強烈な思い出

星野　僕の場合は、祖父母からも非常に愛されましたね。祖父は星野温泉の当時の社長です。祖父母からすると、僕は最初の孫だったんです。これが大きかった、と当時の人たちはみんな言います。僕は全然覚えていないんですが。最初の孫で、それが男で後継ぎでということです。

藤原　そうですよね。キターッ！　みたいな感じで（笑）。ちなみに「佳路」という名前は誰がつけたんですか？

星野　これは祖父母がつけたんです。祖父は読みだけで、祖母が漢字を当てようと。二人で喧嘩して。二つの案を採用しようということで、読めない漢字に、読めない読み方になったと聞きました。

藤原　これは読めませんよ。「ヨシハル」なんて絶対に読めませんから。でも、二人から目の中に入れても痛くないほどかわいがられた記憶はありますか？

星野　それがあまりないんです。でも記憶というか、ちょっと異常だなと思った光景は覚えています。うちは祖母が医者だったんです。軽井沢が無医村のとき、ここにやって来た医者で、当時の軽井沢は医者がいなかったので、待合室がものすごくごった返しているんですよ。患者さんであふれていて、列ができている。毎日そういう状態だったんですね、僕が子どものころ。あれはまだ僕が小学校に上がる前だったかな。僕が何かのときに、おばあちゃんのところに行ったんです。すると治療が中断しちゃう。僕と遊ぶためにね。患者さんを待たせたまんま。子ども心にも申しわけないと思いましたね。待っている人たちが本当に困っているぐらいの感じで、診察室のところでずいぶん長く遊んでもらった記憶があります。

藤原　そうですか。すごいですね、それは。正真正銘のぼんぼんなんだ（笑）。

星野　あともうひとつ、祖父母との記憶があるのは、小学校四年のとき。祖父母と三人でアフリカに行くんです。祖父母が僕を連れて行きたいっていうことで。すごかったですよ。当時は羽田空港から行って、途中で二泊して、ケニアに入って、そこからザンビアまで行ったんですけど。これはすごい旅行だった。

藤原　でしょうね。当時のアフリカなら。

星野　ケニアで降りるじゃないですか。ナイロビで降りて、祖父母たちのスーツケースが、目の前にワッと広がっていて。「お前この荷物を見てろ」と言ったまま、祖父母がいなくなっちゃって。一時間ぐらい、小学校四年生のときに、僕は生まれて初めて見た黒人に囲まれて、すごくこわかったですね。

藤原　おじいさんたちはどこへ行ったんですか？
星野　一週間運転してくれるドライバーを探しに行ってたみたいです。それですごいニコニコの黒人のおじさんが来て、一週間そのまま運転してくれました。
藤原　強烈ですね。宗教的体験ですね、それは。
星野　私の祖父は鳥が好きだったんですよ。それでナクル湖へフラミンゴを見に行きたいという、ただそれだけだったんですが。
藤原　さだまさしが『風に立つライオン』で歌った、あの舞い上がるフラミンゴ（笑）。
星野　そもそもの目的が、祖母の医者仲間がザンビアで開業したんです。僻地医療ですね。当時は非常に珍しくて、その人が医療用の機材が足りない、というので、祖母が機材を持って行ったんです。それが一番大きな目的で。スーツケースにやたら医療機材が入っていて、それを持って、まずザンビアへ行ってその機材を届けて、帰りにケニアで観光して帰ってきたんです。

忙しい妻に代わって子育てをやる

藤原　その星野さんが、ご自身の子育てはどうですか？　ほとんど子育てに関わっている時間がないでしょう？

星野　いや、僕はかなり関わっています。今年の夏は、三週間、なんと息子と二人でニュージーランドに行きましたから。

藤原　二人で行った？

星野　はい。妻は会社勤めなので、お盆の一週間しか休みがとれませんから、残りの二週間は僕と子どもと、二人でスキーをやっていました。

藤原　お子さんはかなりスキーはできるんですか？

星野　ちょうどアルツとトマムが始まったころに、二歳、三歳だったですから。小さいころから妻が忙しいときは、僕が連れて行って、昼間はスキースクールに入れて、その間、僕は仕事をしているわけです。

藤原　ちなみにおむつの世話はした？

星野　もちろん。

藤原　ウンチの世話もした？

星野　もちろん、普通に。

藤原　「子育てやっています」という人でも、ウンチのお世話をしていないやつは、僕は信用しないんです。全然違うからね、これをやるのとやらないのでは。

星野　僕の妻は僕と同じぐらい忙しいだけではなくて、けっこう海外出張が多かったんです。その間僕がみていました。彼女は今も現役で働いていますし。

藤原　銀行かなにかにお勤め？

星野　いえ、日産の執行役員なんですけど。二〇〇一年に、僕の子どもは生まれましたが、そのころ、妻は一番忙しくて、大変な時期で。僕がかなり子育てをやりました。それは楽しかったですよ、自分としてはすごく面白かった。

藤原　子育てで、奥様と星野さんの意見が食い違うことはなかった？　子育ては自分がどう育ったかが強烈に出ますから、意見が違うのは当たり前なんですが。そういうバトルはなかったの？

星野　基本的には教育方針にそれほど差がないんです。でも面白いところで違いが出ちゃうんですよね。たとえば病気になったときの薬の飲ませ方とか。妻は薬に対して非常にネガティブなんですね。僕は一気に解決したほうがいいというほうで。

藤原　それはうちも似ています。うちのカミさんは医者の家系のくせに、医者の出す薬をあまり信用していない。

星野　僕は逆で、熱が出るとすぐ座薬を使うわけですよ。妻は自然治癒派なんです。熱を出したほうがいい、今、体が病原菌と戦っているんだから、と。そういう違いはいつも感じますね、親の方針っていうんですかね。

藤原　それと、奥様には自分が産んだという自信があるんでしょうね、やっぱり。薬を使わずに放っておいて、なぜ大丈夫なのかというと、自分が産んだ息子だから。

星野　本人が言うのは、自分がそう育っているということらしいです。薬は飲むなと言われて育ってきたと。

藤原　そこに星野合理主義との間で、ちょっと葛藤が生じるんですね。オモシロイなあ。

星野　子どもが病気になるごとに、議論になりますよ。

息子を公立の小学校に入れた理由は多様性

藤原　星野さんは慶応出身ですが、そのお二人であれば、私立に小学校から入れるのだって、なんぼでもできたと思うんですよ。聞いたところによると、息子さんは近くの公立の小学校に通わせているという。なぜ公立なんですか？

星野　自分の経験で公立が面白かった。大切だと思ったのは、人間の多様性ですかね。というのは僕が軽井沢にいたときに、公立の小学校でしたから、自分と違う家の子がたくさんいました。農家の人がいたり、林間学校や修学旅行に金がないので行けない人とか。それから親のいない施設から来ている同級生が二人ぐらいいて、その人たちと仲がよかったのですが生活の価値観に差があったり、すごくいろいろな経験をしましたね。そういう多様性の体験が僕はすごく大事だと思います。

藤原　多様性、ダイバーシティですね。

星野　小学校のときに同じ人間が集まっているよりも、多様性重視というのが、一番の大きな理由ですね。今、地元の公立に行かせてよかったと思いますよ。

藤原　でも中学受験はどうしますか？

星野　中学受験は、させたいと思っています。中学に入るってこと以上に、小学校高学年で勉強するのは、時期としてはいいと思っているんですね。中学、高校の勉強も大事なんでしょうけど、九、一〇、一一歳ぐらいのときは脳が出来上がっていくときだから、ある程度ガッと勉強することが大事だと思っているので。あまり結果は問わないですが、プロセスは大事だと思っています。

藤原　星野さんが一番勉強したのはいつですか？

星野　中学受験です。僕は軽井沢から中学受験したんですよ。非常に珍しい、学校始まって以来の。小学校の五年、六年のときですね。今でも覚えているんですが、五年生の春に親に連れられて、東京に土日出ていって、四谷大塚の試験を受けさせられたんです。そしたら、二四〇〇人中、ビリから二番めだった。
藤原　栄えある、ビリから二番目（笑）。
星野　ええ。そしたら祖父が見て、「お前よりできないやつが一人いるよ」と。
藤原　そう言ってくれたの？　素晴らしいオジイちゃんだなあ。
星野　そこからスタートしたので、成績をあげるのはけっこう大変だったです。
藤原　逆に一番遊んでいたのはどの時期？
星野　中学受験するまでの間は、ほとんど「勉強しろ」とも言われないので遊びまくっていました。
藤原　どんな遊びをしたんですか？　自由にいろいろやったと思うけど。
星野　冬になると、田んぼが凍って、スケートリンクになりますよね。農家の友だちがいたので、冬はそこでスケート。それから夏は虫を取って、春秋は別荘荒らしとか（笑）。ホントは言っちゃいけないですけどね。軽井沢は別荘が多くて、夏以外使わないんですよ。だから別荘のテラスとかベランダとか、自由に自分たちの基地にして遊んでた。
藤原　基地遊び。楽しそうですね（笑）。
星野　山の中は自由で。秋は木の実がいっぱい取れるし、別荘をうまく使うには最高な時期なんですよ。山全体が自分の庭のような感じでした。

最初は日本旅館がカッコ悪いと思っていた

藤原　やんちゃな子ども時代をすごして、それから慶応に入って、そのあと星野さんは留学されましたが、留学された前後で、たとえば世界中のリゾートを回るというようなことはされているんですか。

星野　僕はアメリカの大学院を卒業したときに、夏にアメリカを一周しました。車を借りまして。車でシカゴからニューヨークに向けて、フロリダの突端まで行って、テキサスをクロスして、カリフォルニアを北上して。二カ月ぐらいかかりましたけど、一周しています。

藤原　そう。じゃあヨーロッパは行っていないの？

星野　ヨーロッパも行きました。その、ふた夏後ぐらいにあちこち行ったんですが、アメリカのように、全部なめるように行ったということはなかったですね。

藤原　たぶん星野さんはアメリカンなホテルは、あまり興味ないと思うし。たとえばラスベガスだって、なんぼのもんじゃ、という感じだと思うんですが。どこか、めざしたいようなリゾートってありましたか？

星野　そこは、今、僕がなぜこういう仕事をしているのかということとつながる重要な話なので、ちょっとだけ語っておきたいんですが。

藤原　ぜひ聞かせてください。

星野　実はアメリカに行くまでは、アメリカ風のリゾートやヨーロッパのリゾート、つまり日本に入ってきている西洋型ホテルに対して憧れがあったんですよ。

藤原　あったんですか？

星野　自分の実家の温泉旅館はカッコ悪いと思ってたんです。めちゃめちゃカッコ悪くて、親父や祖父の仕事はカッコ悪い、と。というのは僕の祖父は、ものすごくケチな人で。あんな生活はしたくないと思いましたね。たとえばうちの祖父は、革靴が破けるじゃないですか。そうすると、前のほうだけ切って草履にして履いていたんですよ。信じられますか？（笑）

藤原　最高！（笑）

星野　貧しい時代の人だったので、非常にケチ。それで親父も祖父もカッコ悪いと思っていて、温泉旅館なんかやめて、カッコいいホテルにしたい。ハワイとかバリにあるようなリゾートにしようと思って、コーネル大学の大学院のホテルスクールに留学したんですね。

藤原　そうなんだ。

留学時代に受けた衝撃が星野リゾートの原点に

星野　それでコーネルの一年めが終わったとき、業界のトップの人たちを招いて、大学院でレセプションパーティがあったんです。そのパーティに行ったら、ホテルスクールには学生が全世界から来ているんですけど、みんな民族衣装を着て出席していました。スイスとか韓国とか、いろんなところから、中東も多かったですけど、自国の衣装を着ている。だけど僕はスーツを着て行ったんですね。日本人は僕だけしかいませんでした。そうしたら仲が良かった大学院の同級生が、「お前どうしたんだ。二〇〇〇年の歴史のある日本から来て、なんでお前、イギリス人の衣装を着ているんだ」と。

藤原　ジャパン代表なのに。

星野　ええ、なにをやっているんだって言われて。けっこう笑われたんですね。あのときの経験が本当に衝撃的で、そうなんだと。僕は大学を卒業して、スーツを着て仕事をするのは当たり前だと思っていたんだけれど、確かに、なんで僕はイギリス人の格好をしているんだろうと思いましたね。インドから来ている人はターバン巻いてるし、中東から来た友だちは白い民族衣装を着ている。東洋のエキゾチックな日本から来ているのに、なぜ日本の着物を着ていかなかったのかと。それまで僕は日本で実家を継いで、西洋のカッコいいホテルをつくりたい気持ちもあったんですが、それ以来、そんな西洋かぶれのホテルをつくったら、大学院のあの同級生が僕のところに来たときに、なんて言うかと。

藤原 いい話ですね。

星野 「お前、どうしたんだ」と。日本のこの二〇〇〇年の文化がある山の中の温泉地で、なんでアメリカのリゾートと同じようなのをつくっているんだと。大学院のときもアメリカ人に言われたんです。「お前らそんなにアメリカに憧れているの?」と。「憧れていま す」なんて言えないじゃないですか。

藤原 そりゃ、そうだ。

星野 歴史は日本のほうが長いんです。だから僕は自分の同級生が見に来てくれたときに、「さすがミスター星野だ。さすが日本のリゾートだ」と、彼らが感心するようなものをつくりたいというように変わりました。そこから急に「世界に誇れる日本のリゾート」を志向しはじめたし、その結果として「星のや」が誕生しました。

藤原 ルーツはそこでしたか。

星野 ですからどこでリゾートをつくるにしても、地域の文化とか、地域の魅力をテーマにしない限りヤバイと。同級生が来て「お前、俺らに憧れているな」と言われてしまう、このコンプレックスから抜け出せないと。収益性が最も大切ではありますが、私の中では提供者のプライドもとても大切なのです。

藤原　そうだったんですね。聞いてみないとわからないもんだ。

星野　ですから「星のや」もけっこう反対されたというか、危険視されましたよ。軽井沢であれば西洋の文化なんだから、西洋らしい、軽井沢らしいものをつくったらどうですかと。でも、絶対それだけはやりたくなかった。それをやっちゃったら、また連中にバカにされる。

藤原　そうは言っても、どこかで、ラスベガスのあのすごいホテル群のオーナーみたいになるぞという気持ちはどこかにありますか？

星野　いや、全然ありません。僕は日本でリゾート経営の改善のためにあちこち回ってきて、日本の地方の素晴らしさに初めて気付き始めたんですね。最初は外国への憧れとか、海外のスタイリッシュさへの憧れから始まりましたが、今は、自分たちの地域文化を反映させていかないと、本当に持続するものはできないと、確信しています。

めざすは西洋の物真似ではなく、ネオ・ジャパネスク

藤原　全然レベルが低くて恐縮なんですが、僕も星野さんと同じ昭和三〇年代生まれですから、洋風なものに憧れがあったはずなんです。だけど実際にロンドンやパリで暮らした体験が大きくて。洋風の本当の極みを見ちゃうと、僕らが疑似的にやっている洋風が実に淋しいんですね。

星野　たしかに。

藤原　星野さんが行かれたことがあるかどうかわからないですけれど、ロンドンの郊外、ヒースローの少し西に「クリブデン」というホテルがあって、ナショナルトラストが運営しているマナーハウスなんですね。昔のジェントルマンの社交の場で、敷地は馬で疾走しないとたどり着けない。門から車寄せまで一〇分かかる。敷地内をテムズ川が流れてて、「いかがでしょう？　奥様。今日の昼はボート遊びでもしますか？」みたいな。僕は祖母を連れて行ったんですが、全然しっくりこない。

星野　歴史がある建物なんですか？

藤原　めちゃめちゃ古いです。三九室かそこらしかなくて、ものすごく料金も高いんだけど、とにかく泊まってみた。そうすると、カーペットとかが違いますよね、一〇〇年単位

のもので。甲冑とかアンティークが自然に建物と溶け合っている。アンティークがなぜ似合うかというと、やっぱり七メートルとか一〇メートルの天井があるからですよ。日本の二メートル三〇センチの天井で、洋風に飾っても、やっぱり厳しいわけ。イギリスではさんざんマナーハウスに泊まりましたが、やっぱり洋風では、本物にはかなわない。日本で洋風をへんに真似しても、おかしいでしょ。

星野　外国人から見たら、すごく滑稽ですよね。

藤原　だから僕は「ネオ・ジャパネスク」を提唱しているんです。自分が住んでいる家も一〇年目になるんですが、洋式で便利なものは当然取り入れるわけだし、便器も当然洋式(笑)。でも「ネオ・ジャパネスク」で建てた。要するに日本風と洋式を組み合わせた(編集した)、ハイブリッドの日本風にしないと使いづらいと思って、そういう様式にしたんです。昭和三〇年代生まれ前後はそういう感覚を持ち始めていますよね。

星野　そうですね。それは僕はすごく大事だと思っていて。今、リゾートを一生懸命やっていますが、将来の夢は、日本人がスーツから、違うビジネスウエアを着て、世界の舞台に立つことなんです。

藤原　ほう……実は今、僕が着ているワイシャツの襟と袖の裏地は着物生地なんですよ。これ、気に入っているんです。八ヶ岳リゾートアウトレットで買ってきたの(笑)。ワイシャツに着物生地。ハイブリッドでしょ？

星野　海外で日本の歌舞伎役者や相撲とりの人たちが出てくると、向こうの人たちは「オー！」と驚いて、感心しますよね。でも日本の首相が出てくると、急にスーツになっちゃったりして、ちょっと恥ずかしさを感じますね。きっと「二〇〇〇年の歴史がある日本の首相はどうしちゃったんだ」と言っている（笑）。

藤原　でも、たとえば大島紬を着ていっても似合わない人ばっかりじゃない。

星野　そうですね。

藤原　でももうちょっと新しい、ネオ・ジャパネスク風はできますよね。星野さんのファッションスタイルはいつもリゾート風で？

星野　僕は山とリゾートなんで。冬ならば、スキー場に行っている雰囲気を出すファッションにしているんですよ。

藤原　このネオ・ジャパネスクなドゥエボットーニのシャツも、リゾナーレのピーマン通りで売ってたらいいのにね（笑）。

第4章 なぜ休日休暇を一緒に取るのか

日本人は改宗できるのか　その1

星野佳路

1997年をさかいに、日本は発展途上国としてのピークを過ぎ、98年から成熟社会に入った。日本は「みんな一緒」（ステレオタイプ）の社会から、「それぞれ一人一人」（ダイバーシティ）の世界に入ったのだ。ところが、まだ多くの日本人は発展途上国のマインドのままである。これを成熟社会型の「それぞれ一人一人」マインドにするにはどうしたらいいのか。まさに「宗教改革」なみの意識革命が必要になるだろう。
藤原はそれを義務教育改革から始めようとしている。一方星野は、身近でもっともお金を使いやすいリゾートでの「一人一人」の遊びと学びの開発からとりかかろうとしている。たとえば「日本中で休日をズラして取る」案を提唱しているのだが、はたしてそんなことが日本人にできるのか？　どうやってチーム星野はこの宗教改革をなし遂げようとしているのか？
その課題と展望について見ていこう。

日本の観光産業は変革期を迎えている

今期待されている観光のロードマップ

日本の新しい輸出産業は観光

日本の観光産業は今、歴史的な変革期を迎えています。観光白書によると日本の国内旅行消費額は二〇兆円もあり、すでに観光産業は立派な業界なのです。その需要はバブル崩壊の時も、リーマンショック直後も、製造業が二割三割減っているときでさえ、あまり減少していない。つまり、国内観光需要は大きく、そして安定しているという特徴があります。一昔前であれば不景気になるとまず遊ぶ費用から節約されたかもしれません。しかし私の肌感覚では、今はテレビや車を買い替えたりすることは先伸ばししても、家族や友人との旅行を優先している。物質的な豊かさを求める時代から時間の豊かさを求める時代に変わったと感じています。

観光産業の需要を分析すると問題も見えてきます。国内市場への依存率が九〇%を超えていて高いいっぽうで、海外から日本へ来る観光客の数、つまりインバウンドが約六%程度しかない。日本の観光需要は二〇・五兆円もある割に、国内市場の一本足打法になっている。人口減少時代を迎えている中でこれを超えていかないと観光大国には決してなれないのです。

日本から海外旅行に行く人の数は約一六〇〇万人、一方、海外から日本に入ってくる人の数、つまりインバウンドの数は約九〇〇万人。日本で稼いだお金を海外に持って行き消費する海外旅行は輸入、逆に海外の人たちがお金を持って日本にやってきて消費する、これは輸出。つまり現時点では観光産業の国際収支は赤字なのです（53P［図1］参照）。

しかし、アウトバウンドとインバウンドの差は年々縮小する傾向にあり、日本人の海外旅行者の数は一六〇〇万人からあまり増えていく状態にはないので、この二つのラインは、いずれ逆転する。それは私の希望的観測だとだいたい二〇一七年ごろです。そしてそれは観光産業が日本経済に本格的に貢献し始める瞬間だと考えています。

今までは日産、パナソニック、エプソンといった製造業の企業が日本の工場で製品を生産し、それを輸出することで経済的に発展してきました。製造業の輸出が日本の経済成長を支えて、世界屈指の経済大国になることができました。ところが新興国の台頭で今後はその分野での成長はあまり期待できない。だから成長分野として観光産業への期待が非常に高いわけです。地方の雇用、税収、経済を観光が本当に担えるかもしれない。日本の観光の歴史の中でこれほど大きな役割を感じて仕事ができるのは初めてだと思います。

世界的なマーケットの強さが追い風に

では、本当に逆転するのかという話なのですが、二〇〇九年にインバウンド数は七〇〇万人を切り大きく減少しました。しかし、下がった理由はリーマンショックでも円高でもなく、新型インフルエンザだったと私は思っています。その証拠に二〇一〇年は超V字回復でおそらく九〇〇万人程度で過去最高になります。

私は二〇一七年ごろにインバウンドがアウトバウンドを超えるという予言に自信があるのですが、その根拠は二つあります。

一つはマーケットの強さ。日本でインバウンドが伸びているのは、決して今現在の日本に力があるわけでもなく、市場そのものが急速に拡大しているということです。外国に旅行する世界の人口は劇的に伸びています。二〇〇〇年の初めには六・九億人だったのが、二〇一〇年には一〇億人になっています。昔は先進八カ国、G8の国の中間層から上の人たちが、海外旅行をしていました。でも今は新興国の人たちがどんどん外国に旅行し始めています。

その中で最も成長率が高いのがアジア。みな中国だと思いがちですが、実はインドネシアやタイ、インドからも増えています。こういう国々で中間層が増加し外国旅行をし始めている。今は世界で一〇億人の市場規模ですが、二〇一〇年には一六億人になり、その中でアジアのシェアが全体の二五％に成長すると予測されています。

したがって、日本の政策や産業界の努力の内容に関わらず、市場規模は拡大し、アジアの中で知名度が高くアクセスが良い日本に行く観光客の数は増えていきます。でも手放しで喜んではいけません。アジアの国々の多くが同じようにインバウンド観光客数を伸ばしていて、シェア争いにおいては日本は必ずしも勝てているとは言えません。韓国から日本への観光客数は伸びていますが、中国への伸び率のほうが高いし、中国から日本への観光客数は伸びていますが、ニュージーランドへの伸び率のほうが高い。日本だけで見て数字が伸びていても、世界のシェア争いにおいては落としているケースが多い。

二〇一七年にインバウンドがアウトバウンドを超えるという根拠のもう一つは、もとも

[図 6] 外国人旅行者受入数国際ランキング (2009 年)

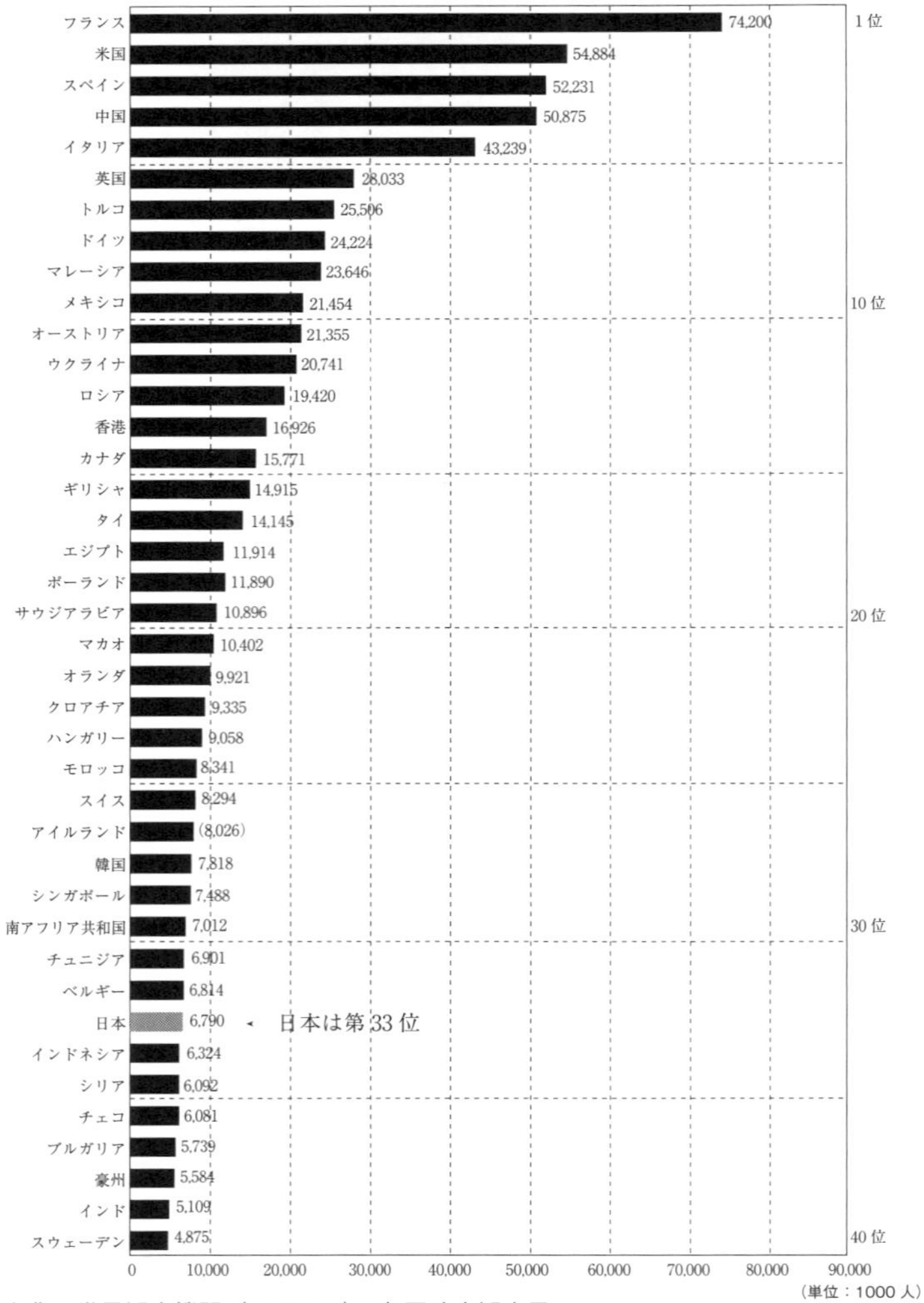

出典:世界観光機関(UNWTO)、各国政府観光局
作成:日本政府観光局(JNTO)
※アイルランドは、2008 年の数値

と日本のインバウンド数が低すぎるという点があります。

観光大国になるための条件は知名度とアクセスと安全です。日本はすべてにおいてトップランクにあるにもかかわらず、海外から観光客が訪ねる数字（インバウンド）ランクでみると二〇〇七年で二八位、二〇〇九年はインフルエンザで下げた影響で三三位になっています（［図6］参照）。

アクセスと知名度と安全でこれだけ強い日本がなぜ三〇位前後なのだろうかと不思議に思う方が多いのですが、今まではいろいろな障害があったわけです。ただ、障害を除くだけで伸びるとも言えます。五位から三位になれというなら、けっこう大変ですが、三〇位前後から一五位ぐらいまで上がるのは、ウクライナとギリシャに追いつけば良いわけですから、できそうな気がするわけです。これでインバウンドはアウトバウンドを超えることができ、観光産業における国際収支が黒字になるのです。「頑張ろう」という気持ちになります。

なぜ日本のホテル、旅館は衰退していくのか？

したがって、観光産業はまさに成長産業です。国内の需要は大きく、同時に安定しています。海外からのインバウンドは、観光業界が頑張ろうが頑張るまいが、政府がどうあろうが、必ず増えていくわけです。

にもかかわらず、日本では観光利用のホテルと旅館の数は減っていっています。不思議ですよね。普通、市場の成長期には新規参入や新たな投資があるものです。バブルのときはリゾート開発に参入してきた企業はたくさんあったわけですから、ああいうことが今こそ起こっていいはずなのですが、それはかなり限定的で廃業していっている旅館とホテルの数のほうが多い。

成長市場なのに事業者数が減少する理由は十分な収益が出ていないからです。利益が出ないところには新規参入もなければ新しい投資もない。観光市場は成長しているのに、宿泊施設は需要から利益を出す実力が足りないので、新しい投資が起こりにくい構造になっていると考えています。

世界のお金は市場拡大をしているところに向かうはずですが、しっかり運営して、しっかり収益を出すノウハウが日本の観光宿泊産業になければ、積極的な投資は起こりません。

休日を地域ごとにずらして取ろう

日本の観光宿泊施設の生産性が低いという問題には、需要側の構造的な問題と、供給側の努力不足という二つの理由があると思っています。需要側の問題は休日のあり方。日本の観光需要は年間で特定の一〇〇日だけに集中して発生しています。土日、ゴールデンウィーク、年末年始とお盆を合わせるとだいたい一〇〇日になります。残りの二六五日は、観光地の旅館やホテルの稼働率は非常に低い。この極端な繁閑の差と、閑散日のほうが多いということが生産性を落としている一つの要因です。同時にこれは派遣社員に頼らざるを得ない状態をつくっていて、業界における人材の育成や雇用の創出という面でもマイナスになっています。

利用者からみると、この一〇〇日は異常に混んでいて、高速道路は渋滞する上に、宿泊施設の料金も高い。割高にもかかわらず需要があまりにも集中するので希望する宿泊施設は一杯で宿泊できないことも多い。だから旅行自体をやめてしまう人もいる。私はこれを埋蔵内需と呼んでいます。お金もあるし、旅行に行きたいのに、混んでいて一杯だから行かないという顕在化していない需要があるということです。

日本でこれほど需要が特定の日に集中するのは、祝日の数が多いことが原因の一つです。祝日と土日だけで年間一〇〇日以上休んでしまっているので有給が取れない。職場の制度や文化の問題で有給が取りにくいという話を時々聞きますが、私はそれが本当の理由ではないと思っています。では祝日を一気に減らせるかと言えば、なかなかそれは難しい。そこで提案してきた案が大型連休の地域別分散取得です。例えばゴールデンウィークを全国五ブロックに分けて地域ごとにずらして取得するという案。これを実現すると高速道路の渋滞はなくなり、宿泊施設は安くなり、観光地も適度に空いて快適な旅になります。飛行機や新幹線なども快適に利用できるようになるでしょう。秋の祝日と土日がうまく並んでシルバーウィークという大型連休になった年が過去にありましたが、それを制度化して新たな大型連休を秋に創設し、これを五ブロックの地域別に分散取得する案も検討されています。

これは、単に休日が快適になり、値段が安くなるという効果だけではなく、大きな旅行文化の変革につながります。例えば、現在はメジャーな観光地は首都圏市場のことしか考えていません。なぜならば、大型連休は首都圏需要だけで一杯になるので他の市場を考える必要がないからです。ところが、地域別の大型連休制度になれば「今週は九州だけが連休」という週が発生する。そうなると全国のメジャー観光地が「九州の方々にいらしていただくにはどうすれば良いか」と考え始め、価格、内容、交通を含めて九州の旅行者用のプランが全国から集まり、九州の方々にとっては日本全国に旅行しやすくなるのです。同じことが他の地域にも起こり、これは国内旅行ブームの再来につながります。

大型連休の地域別取得は休みのあり方の大きな変更なので、慣れるまでにいろいろな課題が発生するでしょうが、慣れてしまえばメリットのほうが大きいと感じています。観光産業にとっては需要の平準化であり、それは生産性の向上になりますが、最も大きなメリットを得るのは消費者です。旅行が安く快適になる。同時に産業全体の生産性が上がることにより、投資が促進され、より魅力的な施設やサービスが誕生することにつながるのです。

そして最後に、大型連休の地域別取得は、サービス産業の需要の平準化にとどまらず、製造業を含む広い範囲の内需拡大につながると考えています。小学校の運動会でデジタルビデオやカメラの需要が高まりますが、旅行需要が増加すると同じ効果が得られるでしょう。レンタカーの利用も確実に増え、ガソリンの消費も増えます。地域のレストランやお土産商品への需要も増加するはずです。国の財政に負担をかけることなく内需拡大につながる策であると考えています。

外資系運営会社に追いつけ追い越せ

観光宿泊産業の生産性が低い理由の二番目に供給側の努力不足という点をあげました。この業界は国内需要が安定していて、インバウンド需要が増加しているにもかかわらず、施設数は減少傾向にあります。それは低生産性、つまりは低収益性に原因があります。日本の旅館の生産性は、アメリカのホテル業界を一〇〇としたときに二〇しかありません。決して東南アジアの人件費が低い国と比較しているのではありません。欧米先進国と比較して、日本の宿泊業の労働生産性は低いのです。

ところが日産やパナソニックという、日本の製造業は、世界中に工場を持っていますが、こういう企業の日本の工場の生産性は高い。日本の労働力の質の高さを含めた特徴を活かし、最適な生産性になるような仕組みをつくるために、長い間工夫と努力を続けてきました。その成果が出ているのです。私たち宿泊産業は、これから工夫と努力を積み重ねて、諸外国の宿泊産業の生産性を超えることが求められていて、先例を見ればそれは十分にできると考えています。

面白いことに、世界のスタンダード的になった外資の運営会社も日本国内で運営すると生産性を落としています。でもこれらの会社は、世界最適を考えていて、どの国のどんな環境の中でも同じアウトプットを出すことができるような運営システムを優先しているので、日本で少々落としてもあまり気にしていません。私はそこに日本の運営会社のチャンスがあると思っています。世界トップの生産性がある日本のメーカーのように、日本の環境に順応した仕組みをつくることで、外資の運営会社を超えることができるはずなのです。

同じ仕組みでは勝てないし、それでは意味がないので、日本最適の仕組みを作っていこうというのが、「星野リゾート」の運営システムのポイントです。そしてそれは、ホテルやリゾートを運営する上での仕組みとしては外資の運営会社よりも高いノウハウになる、なんていう夢のようなことがあり得るとも考えています。

「日本旅のマンダラ構造」とは

所有や開発にはこだわらず、リゾートの運営分野で専門性を高めてきた結果、二五拠点で運営を展開することができるようになりました。今でも運営依頼を受けるようになれたので、今後も拠点は増えていくと考えています。これまではそれぞれの施設が単体として魅力をつけてきましたが、私は今、星野リゾートが運営する施設全体での相乗効果を得られるようなブランディングを始めようとしています。

きっかけはお客様の声。軽井沢で長く運営してきましたが、ご満足いただいたお客様でも次の旅に同じ宿を選んでいただけるケースは私たちが期待するほど高くありません。一年に一度ご利用いただくケースは多くありますが、それでも顧客シェアにしてみると二〇%程度。一般的な商品と比較してリゾート施設のリピート率は低いのです。それはお客様には「いろいろな所に行ってみたい」という旅の基本的なニーズがあるからです。軽井沢でとてもご満足いただいたお客様は、満足したからこそ次回も国内の他の場所に行こうと思うわけです。

そもそも旅行とはいろいろなところに行って、それぞれの場所の個性を感じること。でも単体のリゾートはそのベクトルに逆らってでも自分の施設にリピートしてもらおうと必死に努力してきました。しかし、星野リゾートが運営する施設が二五になると、今までの概念にプラスして、いろいろな所を旅したいという顧客ニーズに応えられる規模になってきたと感じているのです。だから私は運営施設をブランディングしていきたい。次の旅先でも星野リゾートが運営する施設をご利用いただくことを積極的にご案内していきたいという発想です。

とくに海外からの旅行者が増える時代背景を考えると、同じ場所に頻繁にリピートしていただくことは現実的ではありません。日本への旅にご満足いただいたら、次は違った日本を感じることができる旅をご紹介するほうが大切。海外からの旅行者は言葉や交通など日本人と違った悩みもあります。こういうことにもしっかりと応えることは共通のサービスとしながらも、内容は個性的な施設の集まりとして「星野リゾート」というブランドを積極的にアピールしていきたいと考えています。

私はブランディングを考える上で、雑多な施設の集まりであることは私たちにとって不利であると長い間思っていました。同じ施設やサービスがあるという約束がブランドそのものであるはずと考えていたからです。しかし、旅行において顧客が期待するものは逆でした。それぞれの地域の個性を期待されている。私たちはビジネスホテルではないので、「地域の魅力を反映した個性的なサービス」として星野リゾートの運営施設を紹介していきたいと思っています。

それを「日本旅のマンダラ構造」という言葉で表現しています。日本の地域にはそれぞれ個性的な魅力があります。いろいろな場所を旅したいというお客様に、私たちは日本旅に欠かせない場所に個性ある施設を選び、地域の魅力をしっかりと磨いてお待ちしています、と宣言しているわけです。

日本旅のマンダラ構造の特徴は、外資の運営会社と違って、値段のグレードによって施設をカテゴリー化して、あなたはこれくらい払えるからこのホテルへ、安いからこちらのホテルへという話ではなくて、一人一人の嗜好の違いによってカテゴリーしている点です。どんな旅をしたいか、どんな人たちと旅をしたいか、どんな個性を感じたいか、によってグループ内のホテルをカテゴライズしています。

今後は、ある施設のお客様が星野リゾート運営の別の施設にお泊まりいただくケースをグループ内リピーターと定義することにしました。例えば、「リゾナーレ」に初めていらしたお客様でも、過去に白銀屋にご宿泊いただいたことがあれば、グループ内リピーターとして把握し、きめ細かいサービスとご案内ができるようにしようという概念です。

こうなってくると、星野リゾートのサービスとは何かをより明確にする必要が出てきます。今まではそれぞれの施設で、それぞれに違った良さがあれば良かった。これからは良い意味での個性は残しながらも、サービスの質としては高いレベルで統一していくことが求められます。地域の個性をしっかりと反映させるためにスタッフはより多くの知識を持っている必要があります。最も重要なことは、「星野リゾートの運営施設に行けば、楽しい旅を演出してくれるスペシャリストがいる」という信頼感を醸成していくことだと考えています。

スタッフ一人一人の実力が問われるという面が製造業との違いです。私たちは商品を出荷する前に品質チェックができません。スタッフが接客した瞬間に消費されるからです。だから一人一人が心身ともに元気で、旅する人に楽しんで欲しいという気持ちに溢れ、自分で判断し実行するだけのスキルを持っている必要があるのです。星野リゾートの競争力は、スタッフをそういうレベルに導いていく組織文化だと考えています。

第5章 なぜいっせい授業を変えられないのか？

日本人は改宗できるのか　その2

藤原和博

あと10年もすると、日本の教育現場からベテラン教員が姿を消す。学習指導や生活指導に熟練した彼らの大量退職は、残された若い教員たちに大変な負担となってのしかかるだろう。おそらく生徒への教育指導も手薄になるはずだ。そのとき日本は今の教育水準を維持できるのだろうか。それを解決する鍵が、教材の電子化と教育システムの改革にある。「みんな一緒」のいっせい授業を変え、「それぞれ一人一人」に合った教育を実現する方法について藤原が提言する。

「みんな一緒」から「それぞれ一人一人」のための教育へ

電子教科書、教材がなぜ必要なのか

「情報編集力」の五要素とは何か?

二〇世紀までの幸せ感には、ある種の「正解」がありました。一生懸命勉強して、いい大学に入って、一流企業に勤めれば、ある程度の生活は保証されたんですね。もっとはっきり言えば、「成長社会」では、みな一様に成長拡大の分け前にあずかれた。

しかし「成熟社会」に入ったこれからは、自分で自分の人生を編集できなければ、他人がつくった人生のほんのわずかの分け前を得て生きるしかないんです。

私は一九九六年に、これから一〇年以内に日本のすべての業界の上位二〇位の会社が約半分になると予想しました。そしてさらに倒産や合併で数が半分になり、そのうち半分が外資系になるとも。

それは今、すでに現実のものになりつつあります。さらに今の子どもたちが会社に入るころには、二分の一の確率で、上司が外国人になる可能性がある。欧米人とは限りませんよ。日本語の上手な中国人かもしれないし、頭の切れる韓国人かもしれない。

そうなったら、どうなるか。彼らは例外なく、自分の世界観をつくる訓練、すなわち「情報編集力」をつける教育を小さいころから受けています。あいもかわらず、「正解」をオウム返しのように繰り返している私たちには、とても太刀打ちできないでしょう。

私たちの子どもたちも、クリティカル・シンキングのクセをつけ、情報を編集し、自分の考えとして表現できなければ、世界に伍して戦うことはできない。

だからこそ、これからは「情報処理力」だけではなく「情報編集力」にたけた人材が求められてくるわけです。

「情報編集力」にたけた人材――この点に関していうと、私が以前在籍したリクルートという会社は、時代のはるか先を行っていました。

リクルートの社員に必須の能力は、まさに「情報編集力」そのもの。リクルートはこの種の人材しか採らない、と言い切ってもいいでしょう。もっと言えば、世の中で通用するビジネスパーソンに必須の能力です。
その能力には五つあります。

（1）コミュニケーションする技術
（2）ロジックする技術
（3）シミュレーションする技術
（4）ロールプレイングする技術
（5）プレゼンテーションする技術

おそらく今から一〇年もすれば、国語や英語の学力より、**コミュニケーションする技術**（異質な人間と交流し、自分を変化させる技術）が必要とされるでしょう。そして、数学の学力より**ロジックする技術**（論理的に帰納・演繹しながら、筋道をたてて考える技術）が、理科の学力より**シミュレーションする技術**（頭の中でモデルをつくって、実験しながら類推する技術）が、社会科の学力より**ロールプレイングする技術**（他人の身になり、どう考え、思うかを想像する技術）が、音楽、体育、美術、技術家庭科の成績より、音やカラダやアートや手先で、**プレゼンテーションする技術**（相手の頭の中に自分の考える像を結ぶ技術）が大事になってくるはずです。

その準備ができているでしょうか？

一〇年後の学校にベテラン教員がいなくなる⁉

こんなふうに、世の中はものすごい勢いで変わっている。だからこそ、「情報編集力」が要求されているのに、日本の教育はそれに対応していない。

今、教育現場では待ったなしの状況が進んでいるんです。たとえばその一つが、ベテラン教員の大量退職です。

いきなり結論から言ってしまいますが、教材のデジタル化とその指導方法の標準化を急がないと、大変なことになります。五〇代のベテラン教員がいなくなる一〇年後から、授業や生活指導の技術の継承がたいへん難しくなると思われるからです。

一般にはあまり知られていないことですが、都市部（東京や大阪では顕著）では、五〇代の教員が大勢いて、三〇代、四〇代が少なくなり、そのアンバランスを補うために二〇代の教員の大量採用をせざるを得なくなっている現状があります。

よく「ワイングラス型」の年齢構成だと呼ばれるのですが、どちらかというと上のほうが極端に大きい「シャンパングラス型」と表現したほうが良さそうですね。そして、あと一〇年で、ワインやシャンパンがつがれるグラス部分がなくなってしまう。なぜなら「シャンパングラス」の上のほうのベテランが大量退職するからです。

たとえ、嘱託や講師のかたちで残る先生がいたとしても、常勤ではないので、彼らは職員会議には出ないでしょう。部活の顧問もできないし、日常の細かい生活指導や、行事や校外学習、修学旅行のお世話もたぶんしません。

週に何日とか何時間だけ学校に来るだけだから、若手の先生を指導する余裕もない。夜遅くまで残って、学年としての問題解決について、後輩にそのノウハウを伝授することもできなくなるわけです。

あと一〇年すると、ほとんど二〇代と三〇代の若手の先生だけで、学習指導や生活指導を行わなければならないようになる。

この現実は、何を意味するでしょうか?

学習指導や生活指導という、学校教育の基本ノウハウが上手く継承されなくなるということです。世代に切れ目があると、会社でもよく起こる現象ですね。

たとえば板書やノート作成などの細かいノウハウ、一人一人への学習フォローの仕方、複雑化する家庭の事情を背景にした親や地域との付き合い方、軽度発達障害への対応、イジメや事件など多様な局面での生活指導の機微など、ベテランから若手に自然に引き継がれていたノウハウが途切れてしまうことになる。

それだけではありませんよ。若手がやるべきことが、校務分掌を含めて、今よりもっと膨大に膨れ上がるのは間違いありません。

だから、二〇代、三〇代の若手の教員には、デジタルツールという武器を持たせて送り出すことが必須なのです。

授業のクオリティをできるだけ均一化し、しかも一人一人に合わせた指導ができやすいように。情報処理っぽい仕事はできるだけデジタルツールに移行させて、若手先生の人間としてのキャラがより発揮されやすいように。

住宅業界でこの五〇年間に起こった「熟練大工の減少」が、教育界では一〇年で（つまり五倍のスピードで）起こると考えてください。

住宅業界では、ハウスメーカーが頑張って、工場へ工作ロボットを導入したり、新築現場の規格を標準化したりして、この事態を乗り切りました。

教育界でも同じこと。現場での指導の標準化と機械化（デジタル化、児童生徒一人一台のモバイル端末による授業スタイルの一新）が起こらなければ、この変化の波を乗り切れないでしょう。

折り曲げ可能なディスプレイを全員が持つ

しかし、たとえば現在のｉＰａｄのような端末に教科書のページをすべてＰＤＦにして放り込み、小中学校にばらまいたところで、教育現場はまったく変わらないと思われます。最初は珍しいからワアワア騒がれるでしょうが、やがて小さな子はゲームを始め、大きな男の子はスケベサイトに隠れて接続し、女の子はジャニーズ系のＨＰに夢中になって、勉強どころではなくなる。

それどころか、子どもはケンカのときには手近なものを投げ合いますから、壊れた端末を修理するのに、膨大な手間がかかるようになるでしょう（笑）。

こういう学校現場の基本的な特性を、関係機関はどれほど分かっているでしょうか？

私が教育現場に欲しいのは、みなさんが想像するような端末の姿ではありません。一〇年以内にぜひ欲しいと思うのは、一枚の紙のような、折り曲げても大丈夫なＢ４サイズのディスプレイ。もちろん、入力機能付きです。これを、すべての児童生徒に使ってもらいたい。

かりに、「電子ノート」とでも呼びましょうか。

ｉＰａｄのような従来の端末だと、ディスプレイとパソコン本体とバッテリーを一体化させようとするから、どうしても重い機材になってしまう。もっとも軽量化されたものでも低学年の小学生には重すぎます。

だから、紙のようなディスプレイが理想なのです。それを、かりにｉＰｈｏｎｅのような小型モバイル端末（ケータイ）とクリップのような簡単な接続ケーブルをつないで使うんです。

ディスプレイの表面は、ザラッとした紙のようで、書き込みに摩擦があるもの。インターフェイスの見た目は、むしろアマゾンの「Ｋｉｎｄｌｅ」に近いものが理想で、ガラス状のテカったものではダメです。紙に文字を浮き上がらせるような折り曲げ可能なディスプレイは、モノクロならもう技術ができていますから、カラーも時間の問題でしょう。

ただし、文字入力機能が必要です。漢字や英単語を子どもたちがかなり乱れた字でペン入力しても認識できるようにしたい。

この技術ではニンテンドーＤＳがはるかに先を行っていますね。というのはドリル部分で計算したり漢字を書いたりしたら、「×（ブーッ）」とか「一〇〇点！」とかマシンに瞬時に答え合わせもしてもらいたいからです。ニンテンドーＤＳにはすでにゲームとして、そういうものが普及しています。

また、英語の学習には音声入力機能も欠かせません。日本にはアドバンスト・メディア

和田中学校代田昭久現校長が［よのなか］科
NEXTで、平成23年度から使用するイメージ

のような最先端企業があるのですから、この機能の付与はまず問題ないでしょう。そうなれば、眼の不自由な子の学習にも威力を発揮しますよね。

電子ツールによって一人一人が意見を発信できる

さて、どのような学習が電子的手段を使うのに合っているのでしょうか？

まずは、みなさんの先入観を解いてもらいたいと思うのです。

子どもにモバイル端末を持たせた場合、みなさんはどんなことをイメージしますか？

たぶん「調べ学習」が楽しくできるという固定したものなんじゃないでしょうか？

でもそれだと、巨大なデータベースから端末を通じて、図版や動画を自由に検索して取り出せるという、たんなる「ホストコンピュータ主義」や「一方向的放送型学習主義」から抜け出せません。

こうした発想自体、多くの大人が「正解主義」の呪縛から解かれていないことの証《あかし》でもあります。

これに対して、私はモバイル端末のような電子ツールこそが子どもたちの「情報編集力」を養成する画期的な授業手法に使えると考えています。

つまり、「よのなか」科のように「情報の流れが逆流する」ということ。

子どもたちが考え、発信した意見を、先生側が受け止めて、授業に活かせるようにできる。前に紹介した大阪の柴島《くにじま》高校での授業――生徒がマイケータイを教室に持ち込んで高度利用をした、「よのなか」科の授業のようにです。

「ハンバーガーショップにどんな付加価値を付けたら、もうかる店になるだろう？」とか「赤ちゃんポストに賛成か、反対か？」といった「正解」が一つではないテーマを、まず班でディスカッションさせ（ディベートやブレスト）、その後に自分の考えをメールで特定のWebに発信させます。

すると黒板横のディスプレイに生徒の意見が一覧表示される（柴島高校ではC-Learningというソフトを使用しました）。これを見ながら、教師はさらにつっこんで授業を展開したり、議論を深めさせたりすることができます。

途中で、ポストイットを使って班で考えをまとめさせたり、大人も入って議論させますから、よく言われるような「電子ツールを使うと、ナマのコミュニケーションが削がれる」というようなことはありません。逆に、むしろ活性化する。

つまり、「子どもたちからの発信」という要素が大きな役割を持つようになるということなんです。従来型の授業では、どうしても発言者が成績優秀児か目立ちたがり屋に限られてしまいましたが、デジタルツールは、子どもたちの「情報編集力」を鍛え、自分の意見を発信する機会を飛躍的に増大させるためのツールになるわけです。

大事なことなので、繰り返し言います。

マシンがコンピュータ室に閉じ込められていた時代から、一人一台のモバイル端末時代になると、「調べ学習の充実」ではなく、「一人一人からの自分の意見の発信（情報の編集とプレゼン）」が可能になる。

重視されるのはまさにそのポイントでなければならない、ということです。

電子教材で効果があがる三つの分野とは

では他に、電子デバイスの導入でもっとも効果が上がるのは、どんな学習でしょう？

（1）反復を伴う学習

算数の練習、漢字、英単語の記憶、社会科の暗記科目（地理や歴史の年代とか）など。

これについては和田中でも、和田小学校でも、すでにニンテンドーDSで実証済みです。

早く全国に波及させて、先生方の負担を少しでも軽くしてあげるべきでしょう。

（2）英語の自動学習教材

電子ボード（インテリジェント黒板）と端末側の組み合わせで、ほぼ自習がきく「英語ロボット先生」が必要ですね。でないと、日本の英語教育は破綻します。

なぜなら、前述したように、現在、東京や大阪など都市部での教員の年齢層には非常な歪みがあり、ほぼ五〇代のベテランと二〇代の新人が教えている構造です。

一〇年すると五〇代のベテラン教員はみな引退するので、二〇代、三〇代の教員だけで教えることになります。丁寧な板書、細かな個別フォロー、授業の膨大な進行ノウハウは、継承されなくなってしまう。

したがって、早く、電子的な手法で若手の先生方が授業を進行できるように、武器を持たせることが急務です。加えて、英語が話せなかったり、外国で生活したことがなかったり、発音の悪い先生に、これ以上英語を教えさせていいんですか、という疑問を解消するにも、自動学習教材の充実が待たれます。

私は、こうしたデジタル教材の使用法の習得のために、教職課程が一年間伸びるとしても受容します。その一年間が学校現場でのインターン経験を積みながら、デジタルツールを使った学習方法の習得と、ワークショップ型（［よのなか］科的なコミュニケーション型）

授業手法を習得するためのマスターティーチャー・コースのようなカリキュラムならば。

実際、東京・品川区の若月教育長などは、教員として採用されたらその後一年間を研修扱い（インターン）とする案を中央教育審議会の特別部会に提出しました。

インターン期間が一年あるなら、この間にデジタル教材を活用できる技術をマスターするのは簡単ですね。

この研究を「英語」で一点突破することで、「人間」として教師が本来どのような役割を果たすべきか（たぶん、オリエンテーションと学習の動機づけ、賞賛、個別目標のチェックと学習成果の評価など）が明らかになるでしょう。

それだけでなく、日本の国際戦略として、教材をシステムごと輸出することも考えられると思っています。

（3）NHKの映像アーカイブが利用可能になるなら社会科や理科の授業が立体化する

私自身も、エミー賞を獲った『課外授業　ようこそ先輩～戦争を学ぶ　命を考える　国境なき医師団・貫戸朋子』の一部（一五分程度）を見せディベートを促す［よのなか］科を長年授業でやってきました。

『ようこそ先輩』や『プロジェクトX』あるいは『週刊こどもニュース』は相当利用さ

れることになるんじゃないでしょうか。

教員が持つ「電子模造紙」が社会に開かれた窓になる

最後に、授業を画期的に立体化してスタイルを一新し、子どもたちの学習に対する動機づけを飛躍的に向上させるためには、私が「電子模造紙」と呼ぶ大型のディスプレイが必要であることにも触れておきましょう。

先生たちが模造紙のようにクルクルっと巻いて持ち運べる、黒板の半分か三分の一の大きさのディスプレイ。マグネットで黒板にバンッと貼れる。もちろん、前述した「電子ノート」を縦横に一〇～二〇枚組み合わせて貼って（画像分割ソフトで）一枚の「電子模造紙」として代用することも可能です。

スクリーンではありませんよ。日本の教室の大きさは、もはやいまどきの中学生の体格を反映していないことをご存じでしょうか？　だから、四〇人もデカイ子どもたちが机を並べると、プロジェクターを置くスペースもないことに、いったい何人の教育関係者が気づいているでしょう。

このディスプレイには、昼時にカーテンを閉めなくても画像が見える輝度が欲しいし、教師のケータイとつないで使用できるようにしたい。

こうなれば、学校外のゲストをケータイで呼び出して、授業に迎えるのも容易になります。

ゲストとして学校に来るには往復するのに二時間かかってしまう。ということは午前中とか午後いっぱいつぶれてしまうから、学校に行くのは無理。でも、一〇時五〇分から一一時の間の一〇分間なら、職場や研究室で、ケータイのカメラに向かって話ができますよ、という学者や専門家は多い。

文字通り、この「電子模造紙」は、教室を開かれたものにしてくれます。

ホンモノの「社会の窓」が開くことになりますから。

2 義務教育で一番大事な三つの政策とは何か

・レバレッジがもっとも利く義務教育から変えよう

「地域本部」と「よのなか」科の普及、校長人事が鍵に

教育を変えるとき、一番レバレッジが利くのは小中学校の義務教育です。ここを集中的に変えていくことが、日本の社会を変革することにつながるというのは、先に述べた通りです。

そこで義務教育を変えるために一番大事なことは何かというと、次の三つの政策が三位一体で進むことだと考えます。

（1）「地域本部」を「新しい公共」の担い手（中間集団）として育てること

和田中で実践した「地域本部」の実績をもとに、文科省は二〇〇八年から和田中をモデルにした「学校支援地域本部」の普及に乗り出しています。しかし実際には地域の教育委員会の受け止め方もさまざまで、混乱が見られます。

また今の校長たちのマネジメントが弱すぎて、地域社会の潜在的なパワーを引き出す「地域本部」をつくるための環境整備が遅れている。自治体の予算をみても、「有償ボランティア」に一〇〇〇円、二〇〇〇円と細かく使える予算になっていないのも問題です。

これだけ学校の活動を応援してくれるサポーターのニーズが増えているのに、なんと本家本元の杉並区でさえ、学校サポーターの報奨予算を削らざるを得ないとのこと。「新しい公共」を育てようというのが国家的な趣旨なんだったら、それに逆行するこの流れはおかしいですね。

（2）子どもたちのクリティカル・シンキング技術（複眼的思考、つまり上手に疑う知恵）を向上させる教育にシフトすること

これは、［よのなか］科のような手法の授業を普及させていくことです。そのためには生涯学習と学校教育を融合する必要がありますが、今のように、文部科学省内で初等中等教育局と生涯学習政策局が分断されていては、できるわけがありません。［よのなか］科は、大人と子どもが一緒に受ける授業です。そのような授業に引き寄せられてきた学び好きな大人を、「地域本部」の有償ボランティア・スタッフにリクルートするのが、コミュニティスクール化への王道。

ところが、そのような「引き寄せる力」が、いまの校長族にはない。そこが問題です。

（3）だからこそ、三〇〇〇人程度の「新しい世代の校長」人事が必要

日本に公立中学校は一万校あります。そのうちの三割、三〇〇〇校の校長を「新しい世代の校長」と入れ換えたらどうでしょう。

それだけでかなりのインパクトになると思います。だって和田中たった一校が変わっただけで、国の教育行政が動き始めたんですから。「新しい世代の校長」は民間人校長だけとは限りませんよ。三〇代、四〇代の意欲ある教員からじかに校長に昇格するとか、塾頭に兼務してもらうとか、文部科学省から派兵することも考慮に入れるべきですね。

あるいは「学園長」という新しい役職をつくる方法もあります。「学園長」とは中学校区に中学一校と小学校二校程度を基本単位として「学園」という上位概念を作り、その「学園長」に、六〇代以上でも兼業でもかまわないことにして、民間から人材を導き入れる案です。

「学園長」に関しては、あとでもう一度述べます。とにかくこの「学園長」を核として、(1)と(2)の政策を実現する方向に持っていけばいいでしょう。

そして公募校長や学園長は、まず年齢制限を取っ払い、「学園長」の場合は非常勤として、給料も勤務形態も、各自治体の教育長の判断に任せてしまう。ただし、募集は、国家的イベントとして「緊急事態宣言」を出して取り組むべきです。

「校長」もしくは「学園長」は、さまざまな分野でキャリアを積んできた人が、「人生の最後にやるもっとも名誉な仕事」にできたらいいなと思います。

大きな仕事をなし遂げた人、納得感のある人生を歩んだ人が、故郷の出身校の校長や「学園長」をやるとしたら、素敵だと思いませんか？

ちなみに私はこの構想をあちこちで話し、すでに学園長候補の打診も行っています。たとえば中曾根康弘大勲位にも話をしましたし、東京の築地の学園長はテリー伊藤さんがいいんじゃないか、とか(笑)。

今回、軽井沢の学園長候補として、星野さんにもお話をしました。

明治・大正期の軍人(陸軍大将)、秋山好古は、さまざまな名誉職のオファーをすべて断って故郷に戻り、中学の校長として地域の教育に貢献しました。その素晴らしい伝統、つまり「功成り名遂げたあとは、さっさと引退して故郷に帰り、中学の校長か学園長になって、今まで培ったネットワークをすべて後進の子どもたちにつなぎ替えてから死ぬ」という究極のカッコいいライフスタイルを、今また日本に復活させたいのです。

教育委員会のガバナンスをどうするか

教育委員はいらない、か？

権限を自治体におろしてマネジメントする

和田中の校長を五年務めたあと、私は大阪府の橋下知事の要請に応えて、特別顧問に就任しました。そして大阪府の教育改革に協力しています。

橋下知事のもとではさまざまな改革が行われていますが、その一つに教育委員会制度に関する改革があります。この問題は、橋下知事も連日のようにメールで問題にしており、ホットな案件です。

しかし「教育委員会制度」は国の法律制度の枠組み下にあるので、自治体が勝手に変えてしまえるものではありません。

そのため首長にとっては、選挙で都道府県民に選ばれた自分が、教育分野の責任を取れないのは歯がゆいということにもなります。ならば、教育長並びに教育委員会事務局を知事部局に含めてマネジメントしたらどうなるでしょう。

もちろん、この場合でも、教育委員による監査機能の一部は、審議会のようなかたちでチェック機関として残すことが前提です。

このときのデメリットは、

（1）万が一、馬鹿な知事を選んでしまった場合、政治や宗教、あるいは歪んだ道徳観を教育に押し付けられるのはヤバい。じっさい、市区町村などはときおり左翼系や、やや右翼系の首長がとっかえひっかえ立つことがありますが、現行制度下では、教育現場がそれによって右往左往することはありませんでした。

（2）福祉、産業振興、税務などの住民サービスに加えて、教育を含めて知事の直接責任とすると、あまりにも仕事が膨大になってしまう。

それでも、橋下知事などは、それもこれも含めて、選挙によって住民の信託を受けた知事の責任だろうと主張します。

たしかに改革を急ぐ場合は、今のシステムはいささかかったるい。

上意下達でピシッと筋を通すには、あまりにも「民主的」だからです。

教育委員はプロに、教育長は力のある人物に

この教育の「ガバナンス問題」は、文教分野では政権最大のイシューになり得ると私は考えています。

ただ、現体制下でも、できることはあるのです。

たとえば、教育委員を大学教授などの名誉職ではなく、現場を知り抜いているプロに変えてしまう。

あるいは、教育長に力のある人物を据える。

教員出身で政治力のある人物の場合が一番動きますが、県レベルだと、総務部長など人事も知り抜いた行政職も悪くない。大阪府もそうですが、秋田県や高知県の教育長などの好例があります。

また、「責任」という意識が一般的に行政職には薄いのですが（文科省の役人にも）、教育委員会事務局にはとくに、これが希薄な人々が多く見受けられます。

責任を取らなくて良いシステムになっているからなんですね。

遠慮なく言えば、「誰も子どもたちの未来のために仕事をしていない」。

なんと、文科省にも教育委員会にも「一〇〇%子どもたちのために仕事をしている」人はあまり見受けられない。みな政治家の偉い先生や権力や自らの保身のために仕事をしている。だから私がこの視点から勝負をすると、誰も勝てないわけです（笑）。

さらに、どの自治体でも、社会教育系（社会教育主事）と学校教育系（指導主事）は縦割り行政のため、仲が悪かったり、意思疎通が図られていないことが多い。

市町村の教育行政（たとえば、小中学校の学力問題など）では、市町村が学校の設置者なので、（県の教育長が教員の任免権を持っているとはいえ）現場での人事は、評価や市町村内の移動を含め市町村教委が行うから、県からすると見えづらいし、コントロールしづらい面もあります。

こうした点も改革していく余地があります。

4 学園長に民間から参戦せよ！

CEOとしての学園長という概念とは？

エリアの小中学校を統括する「学園」を置く

最近では小中一貫校の導入への関心も高まっています。小中一貫への試行をやるときなどに力を発揮するのが、先ほどもふれました「学園長」という概念です。

中学校一校と小学校二校を同じ学区とする「学園」という上位概念を設定して、非常勤の学園長を迎えるスタイルを普及させようということ。

これは小中一貫の二校でも可能。各校に校長を置くか、教頭二名ずつとするかなど、教育長の判断でいくらでもできます。この場合、法的な整備は必要ありません。

すでに、三鷹市などは学園長方式を採用しているのです（現在のところ、三鷹の学園長は校長の一人が兼務するかたちですが）。三鷹市の教育長は、「もっと若手の学園長が登場してもいいんだが」とおっしゃっていました。

公募校長や民間人校長を増やすための「公募校長法」という新法の設定準備も進めたいのですが、「学園長」を増やしていったほうが早いかもしれません。

ちょうど、学園長＝ＣＥＯ（最高経営責任者）で、校長＝ＣＯＯ（最高業務〔執行〕責任者）というような役割分担です。

ＣＥＯとＣＯＯを兼任にして、副校長（教頭）＝ＶＰ（副社長格）を二～三名置くことも考えられます。事務担当副校長（たとえば一人）と教務担当副校長（小学校と中学校にそれぞれ）とか。

常勤の校長が中学校と小学校にいて、その中学校区に非常勤の学園長を置く場合には、学園長の役割は主に、
（１）地域本部づくりによる「学校を核にした地域社会の再生」
（２）外のネットワークを学校につなげること（とくに人脈が豊かな経営者など）
（３）対外的な広報を強化して、寄付など私費会計分を豊かにすること
などが考えられます。

功成り名遂げた経営者などが、引退してから学園長をやる場合、自分がお世話になった故郷の小中学校に貢献してもいいでしょうし、子や孫が通っている学校でもいいでしょう。子や孫に相続するよりは、地元の学校に数億円を寄付して、自らの名を冠した体育館（たとえば「鈴木記念講堂」）を建ててもいい。その場合には、その昔、小学校には必ずあった二宮金次郎の像の代わりに、鈴木さんの銅像くらい体育館の横に感謝の意を込めて建ててあげてもいいんじゃあないでしょうか（笑）。

数千万円なら、給食室を作ったり、食堂（ランチルーム）を整備することもできるでしょうし、数百万円なら、図書室とコンピュータルームを一体化して「鈴木記念メディアセンター」とすることもできるでしょう。数十万円なら、科学分野の図書を充実させて、図書室の棚の一部を「鈴木記念自然科学文庫」とすることも可能です。

明治の元勲、秋山好古を見習おう！

公教育の場に、こういう私的な寄付を受け入れていいのかと、とぼけたことを聞いてくる議員もいるのですが、東京大学に安田講堂や福武ホール、武田先端知ビルがあることで、可能であることは実証済み。

そうでなくても、現在の小中学校の校舎は、地元の農家の方々が寄付した土地に、場合によっては地元の篤志家が協力して校舎を建て、地域立の寺子屋や学校として設立したものを官立校として召し上げたものです。

もともとコミュニティスクールだった起源に立ち返れば、地元の志で出資を受け、地元のやる気のある人材が、地元の教育資源を徹底的に活用して、学園長のリーダーシップに率いられながら、それぞれの地域にあった特徴を出すのが本分なのです。

明治の指導者には、晩年、これからは教育が大事だからと言って、第一線を退いた後、野に下り、学校長を務める逸材が多かったんですよ。

「坂の上の雲」の主人公の一人、秋山好古も、そうでした。陸軍大将にまで上り詰めた後、元帥に推挙されるのですが、固辞。故郷の愛媛に帰って一中学校（現・松山北高校）の校長になります。

こうした覚悟の財界人が、最近いなくなってしまったのは、実に嘆かわしいことだと感じます。私が星野さんも含め、いろんな方がたに学園長候補になっていただくよう、声をかけたことはすでにお話ししました。何人かが「志」で口火を切れば、それぞれの地域で義務教育を変革できる。絶対できる、と私は信じています。

終章
二大政党は次のような政策論争をせよ！
「欧州型保障社会」か「米国型自由市場」か？
それを超える「日本流保障型自由闊達社会」を

藤原和博

「成熟社会」を迎えた日本の未来はこれからどうなっていくのか？　未来はまだ霧の中だ。「民主党」と「自民党」にはこだわらないが、２大政党というならば、日本の社会のあり方をもっと真っ向から論争すべきだ。未来の日本をどうしたいのか？　めざす地平は「欧州型保障社会」か、「米国型自由市場」か。それとも、まったく新しい「日本流」の「保障型自由闊達社会」か。新しい日本の姿について考察する。

たとえば、民主党が、かりに（その票田の性格から）アメリカ型ではなく、「欧州型保障社会」に近い日本流を目指すなら、次のような政策をはっきり打ち出すべきではないでしょうか。

最初に断っておきますが、このような社会主義的な政策をとったとしても、産業社会には相変わらず自己責任による強烈な市場主義が残るでしょうし、成長市場への国家主導による集中投資も必要です。

まず、目指すのは「大きな政府」でも「小さな政府」でもありません。

大きな責任を担える少数精鋭の政策集団とスリムな中央官僚組織でしょう。

いっぽう、医療・介護・福祉予算は大型化せざるを得ないし、現場に近いところで働くNPOなどの準公務員は多くなるはずです。

「大きな予算」×「小さな政治機構」×「きめ細かな現場」の組み合わせが理想でしょう。

だとすれば、まず政治家と官僚のスリム化を優先すべきです。

国会議員を半減させるか一院制に。もはや利益団体の代表はいらないのではないでしょうか。ネットを高度に利用した新時代の「直接民主制」（マスコミの世論調査によらずリアルタイムに国民投票が出来るようなシステム）を実現すれば、政治の卸売業者（中間搾取で儲ける輩）もいなくなるでしょうし、一律のバラマキの意味もなくなるでしょう。

中央の行政機関については給与体系を見直し、課長級で二〇〇〇〜三〇〇〇万円程度の年収にし、住居を管理費程度の家賃で中心部に確保して、接待を受けたり天下りを期待する狭い風土を撲滅すべきです。なお、天下りは、そこに補助金を流し込んだり基金を蓄えて金利で喰うようなことをさせなければよいのです。

とにかく、中央の仕事を半減させましょう。

そのためには、特殊法人は原則解散して、ＮＰＯ・ＮＧＯへ仕事を移管したほうがいい。公益法人も原則廃止。例外を認めるならば、国民投票で賛否をとったらどうでしょう。

さらに、国会議員を半減させたのち都道府県議会議員と市町村議会議員を半減させます。都道府県議会議員が必要かどうかは、国民の賛否は分かれるかもしれません。というのは、直接民主制的なシステムに移管するのに、昔のように中間で卸売業者の役割を担う「代議員」はいらないことになりますから。

じっさい、児童虐待の問題でも、高齢者の独居世帯の安否確認でも、地方議員がどれだけ機能しているかは、非常に疑わしいものがある。仕事をしていない議員が多いという現実は、多くの国民の実感するところでしょう。

なお、日本の統治機構全体としては、政令市を中心に三〇〇程度（三〇〜五〇万人の住人）の自治体に分けたほうがいいように思います。そのほうが小回りが利いて、首長もタイミングを外さず、手を打てるのではないでしょうか。

三〇〇人の首長とともに、繰り返し述べてきたように、三〇〇〇人程度の中学校区の校長（もしくは学園長）に優秀な人材を送り込む国家的な人事キャンペーンをはる。

ここがツボ。

三三〇〇人を慎重に選び抜く。スカウトしてくるんです。

そうすれば、三三〇〇人の人事が、日本の未来を決めることになるでしょう。

私は、これが、現在の日本の社会に「活！」を与える一番梃子（レバレッジ）の効果がある政策になると考えています。

なお、肥大化する福祉ニーズについては、増税で対応するしかないかもしれません。

ただし、中途半端はダメ。

以下を全てやっても、イギリス並みの国民負担率（四八％）になるという試算がでています（波頭亮『成熟日本への進路』ちくま新書より）。もちろん、あくまでも「保障社会」を目指す場合の政策的な例に過ぎませんが。

（1）消費税を一五％にして、医療・福祉、とくに介護の充実へ。ただし、延命医療については慎重に扱うような国民的コンセンサスが必要。そうでなければ、いずれ破綻が見えている。また、一五％では焼け石に水という議論もある。

日本人の「死生観」を問い直すべき時期に来ているということ。本来「死生観」を担う宗教の機能が弱いことが、現在の「生涯で使う医療費の半分を最後の一週間で使う」状況を作り出してしまっている。宗教法人への課税強化も考えていい時期ではないか。

（2）金融資産課税を〇・五％程度から次第に二％程度にして所得移転を行い、生活保護費へ。お金持ちも、社会が安定していなければ、安心して眠れないだろう。お母さんの一人親世帯での子どもの貧困を救うためにも、生活保護費をしっかり出すことは、社会にとっての安全保障である。

（3）相続税（実効一二％程度）を二〇％程度に上げて、教育目的に使う。これで、小中学校の教材費と給食費を賄えば、納得感は高いはず。私有財産の一部を、自分が生きているうちに使わない分だけ、より多くの後進が教育を受ける資金に回してもらうということ。保育費の軽減や大学までの無償化への可能性も開ける。

さらに経済に「活！」を入れる政策として――

（4）大阪都・特区構想を実現。大阪を香港に、関空をマカオに。関空に米軍を受け入れホンモノのアメリカ村に。ギャンブルもあり、税制も優遇。次に神戸も含めて全体を経済特区にし、京都と一体で世界から客とマネーを喚《よ》びこむ。日本全体の制度から独立させたチャレンジを加速して、関空を現代の「出島」にする。ハーバード大学医学部誘致とか。

（5）保育、介護、教育の人手がかかるサービス分野で労働力を吸収。この分野の規制を極力撤廃する。ただしリスクも増えるから、責任の負い方について国民投票が必要。

戦略的な国際競争分野では、環境エネルギー（ソーラー、電気自動車など）、DNAナノテク医療や食糧、教育の電子化などで一〇年間責任を持って担当するプロデューサーを任命。民間から長官級を登用し、無責任な官僚にこのような戦略分野を任せない。

そして、人材育成分野では――

（6）何度でもくり返すが、学校を核に地域社会を「学習コミュニティ」として再生する新時代の村長役を中学校区の校長もしくは学園長として国家的キャンペーンで就任要請《ヘッドハント》。「坂の上の雲」の秋山好古が陸軍大将から中学校長に転じた故事に則り、定年までに築いたネットワークを子どもたちにつなぎ替えてから死ぬことを美徳とする日本的風土を再興する。「地域本部」の全国設置とともに、この政策は、公共心ある市民育成の近道でもある。

一方の政党がこれくらいエッジの効いた政策を提示し、他方がもっと自己責任型の自由主義的政策を提示していくような二大政党でなければ、そもそも政党を成す意味がないのではないでしょうか。

私はこんなふうに考えます。さてみなさんはどうでしょう？　私のＨＰ「よのなかｎｅｔ」の「よのなかフォーラム」の掲示板に、実名でもハンドルネームでも、意見を書きこんでいただければ幸いです。

ありがとうございました。

協力	㈱星野リゾート 東京都杉並区立和田中学校 東京都杉並区立和田中学校校長　代田昭久 ㈱グループ現代　西条美智枝
カバーデザイン	渡邊民人（タイプフェイス）
本文レイアウト	齋藤佳樹（タイプフェイス）
イラスト	坂木浩子（ぽるか）
写真撮影	増田智泰
編集協力	辻由美子
編集	湯原法史 羽田雅美

藤原和博 ふじはら・かずひろ

1955年東京生まれ。1978年東京大学経済学部卒業後、株式会社リクルート入社。東京営業統括部長、新規事業担当部長などを歴任後、1996年同社フェローとなる。小中学校での教育改革に関わり、2003年より5年間、都内では義務教育初の民間校長として杉並区立和田中学校校長を務める。08年、橋下大阪府知事特別顧問に就任。著書は、『人生の教科書［よのなかのルール］』『校長先生になろう！』（共にちくま文庫)、『新しい道徳』（ちくまプリマー新書)、『リクルートという奇跡』『つなげる力　和田中の1000日』（共に文春文庫)、『教師を信じろ！』（ぎょうせい)、『さびない生き方』（大和書房）等多数。詳しくは「よのなか net」http://yononaka.net に 。

不可能《ふかのう》を可能《かのう》にするビジネスの教科書《きょうかしょ》
星野《ほしの》リゾート× 和田中学校《わだちゅうがっこう》

2011年3月11日　第1刷発行

著者　藤原和博
発行者　菊池明郎
発行所　株式会社　筑摩書房
東京都台東区蔵前 2-5-3
郵便番号 111-8755　振替 00160-8-4123
印刷　中央精版印刷株式会社
製本　中央精版印刷株式会社

 ／ISBN978-4-480-87837-3 C0095
乱丁・落丁本の場合は、お手数ですが下記にご送付ください。送料小社負担にてお取り替えいたします。
ご注文・お問い合わせも下記へお願いします。
〒331-8507 さいたま市北区櫛引町 2-604　筑摩書房サービスセンター 電話 048-651-0053

◉筑摩書房の本◉

〈ちくま文庫〉

お金じゃ買えない。

「よのなか」の歩き方1

藤原和博

ほんとうに豊かな時間を得るための知恵とは？　お金じゃ買えない自分だけのI・A（見えない資産）を増やすための教科書。
解説　テリー伊藤

〈ちくま文庫〉

給料だけじゃわからない！

「よのなか」の歩き方2

藤原和博

あなたは働きすぎていないか？　やりがいを見つけ、会社にコキ使われずに、自分の人生の主人公になるために、ほんの少し視点を変えてみよう。

〈ちくま文庫〉

味方をふやす技術

「よのなか」の歩き方3

藤原和博

他人とのつながりがなければ、生きてゆけない。でも味方をふやすためには、嫌われる覚悟も必要だ。ほんとうに豊かな人間関係を築くために！

〈ちくま文庫〉

人生の教科書「よのなかのルール」

藤原和博
宮台真司

〝バカを伝染（うつ）さない〟ための「成熟社会へのパスポート」です。大人と子どもも、お金と仕事、男と女と自殺のルールを考える。
解説　重松清

◉筑摩書房の本◉

〈ちくま文庫〉

人生の教科書

［人間関係］

藤原和博

人間関係で一番大切なことは、相手に「！」を感じてもらうことだ。そのための、すぐに使えるヒントが詰まった一冊。

解説　茂木健一郎

〈ちくま文庫〉

人生の教科書

［情報編集力をつける国語］

藤原和博
重松清
橋本治

コミュニケーションツールとしての日本語力＝情報編集力をつけるのが国語。重松清の小説と橋本治の古典で実践教科書を完成。

解説　平田オリザ

〈ちくまプリマー新書〉

「ビミョーな未来」をどう生きるか

藤原和博

「万人にとっての正解」がない時代になった。勉強は、仕事は、何のためにするのだろう。未来を豊かにイメージするために、今日から実践したい生き方の極意。

〈ちくまプリマー新書〉

新しい道徳

藤原和博

情報化し、多様化した現代社会には、道徳を感情的に押しつけることは不可能だ。バラバラに生きる個人を支えるために必要な「理性的な道徳観」を大胆に提案する！

◉筑摩書房の本◉

売れる！「コピー力」養成講座
ささる文章はこう書く

山口照美

初心者でも、〝一瞬で相手の心をつかむ言葉〟を選べるようになる！　セミナーで満足度98％の講師による、コピー力を伸ばす方法がわかる「読むワークブック」。

見た目が若いと長生きする
カラダ管理の新常識！　15のルール

川田浩志

見た目が若ければ、体も健康で長生きする！　そのために実践したい驚きの健康法15のルールをアンチエイジングの専門医が解説。誰でも「若返り力」をつけられる。

移行期的混乱
経済成長神話の終わり

平川克美

人口が減少し超高齢化が進み経済活動が停滞する社会で、未来に向けてどのようなビジョンが語れるか？　転換点を生き抜く知見がここに。鷲田清一氏との対談も収録。

価格戦争は暴走する

エレン・ラペル・シェル
楡井浩一訳

1ドルショップ、格安ブランド、量販店はなぜ安くできるのか。その本当の価格とは。緻密な取材で、恐るべき価格戦略と、安値の裏で進行する戦慄の実態に迫る。